A LINGUÍSTICA HOJE
HISTORICIDADE
E GENERALIDADE

Conselho Acadêmico
Ataliba Teixeira de Castilho
Carlos Eduardo Lins da Silva
Carlos Fico
Jaime Cordeiro
José Luiz Fiorin
Tania Regina de Luca

Proibida a reprodução total ou parcial em qualquer mídia
sem a autorização escrita da editora.
Os infratores estão sujeitos às penas da lei.

A Editora não é responsável pelo conteúdo deste livro.
Os Organizadores e os Autores conhecem os fatos narrados, pelos quais são responsáveis,
assim como se responsabilizam pelos juízos emitidos.

Consulte nosso catálogo completo e últimos lançamentos em **www.editoracontexto.com.br**.

Gabriel de Ávila Othero
Valdir do Nascimento Flores
(Orgs.)

A LINGUÍSTICA HOJE
HISTORICIDADE E GENERALIDADE

Copyright © 2023 dos Organizadores

Todos os direitos desta edição reservados à
Editora Contexto (Editora Pinsky Ltda.)

Montagem de capa e diagramação
Gustavo S. Vilas Boas

Preparação de textos
Dos organizadores

Revisão
Daniela Marini Iwamoto

Dados Internacionais de Catalogação na Publicação (CIP)

A linguística hoje : historicidade e generalidade /
organização de Gabriel de Ávila Othero,
Valdir do Nascimento Flores. – São Paulo : Contexto, 2024.
160 p.

Bibliografia
ISBN 978-65-5541-384-7

1. Linguística
I. Othero, Gabriel de Ávila II. Flores, Valdir do Nascimento

24-0622   CDD 410

Angélica Ilacqua – Bibliotecária – CRB-8/7057

Índice para catálogo sistemático:
1. Linguística

2024

EDITORA CONTEXTO
Diretor editorial: *Jaime Pinsky*

Rua Dr. José Elias, 520 – Alto da Lapa
05083-030 – São Paulo – SP
PABX: (11) 3832 5838
contato@editoracontexto.com.br
www.editoracontexto.com.br

Sumário

Apresentação..7
Gabriel de Ávila Othero e *Valdir do Nascimento Flores*

Linguística africana..9
Margarida Petter

Linguística comparada...21
Giulia Bossaglia

Linguística da conversação..33
Marlete Sandra Diedrich

Linguística descritiva...47
Mário A. Perini

Linguística estruturalista...57
Cristina Altman

Linguística evolutiva..69
Vitor A. Nóbrega

Linguística formal...85
Renato Miguel Basso

Linguística funcional..97
Angélica Furtado da Cunha

Linguística geral...105
Valdir do Nascimento Flores e *Gabriel de Ávila Othero*

Linguística gerativa 121
Gabriel de Ávila Othero

Linguística histórica 131
Marco Martins

Linguística popular 143
Roberto Leiser Baronas, Marcelo Gonçalves e *Marilena Inácio*

Os organizadores 155
Os autores 157

Apresentação

Gabriel de Ávila Othero
Valdir do Nascimento Flores

Este é o segundo volume de um conjunto de dois livros em que nos propusemos a seguinte tarefa: apresentar um panorama atual do campo disciplinar conhecido sob a denominação de "a linguística". O primeiro volume, publicado em 2023, é intitulado *A linguística hoje: múltiplos domínios*. Este segundo volume intitula-se *A linguística hoje: historicidade e generalidade*.

No primeiro volume, acolhemos capítulos que tinham como objeto "linguísticas" relativamente contemporâneas. Ali estão áreas especializadas da linguística que ganharam corpo nos últimos cinquenta anos, como a biolinguística, a linguística cognitiva, a linguística computacional, a linguística forense, a neurolinguística, a sociolinguística etc. São, como chamamos, "múltiplos domínios" da linguística, cujos desenvolvimentos são relativamente recentes, como o leitor poderá verificar na leitura dos capítulos publicados naquele volume.

Neste segundo volume, que chamamos de *A linguística hoje: historicidade e generalidade*, buscamos agrupar capítulos que tratam de abordagens amplas e que perpassam, de certa forma, várias das "linguísticas especializadas" na história de seus desenvolvimentos. Nesse sentido, o leitor encontrará aqui capítulos sobre antigas maneiras de "fazer linguística" que, ainda que datadas, permanecem atuais. Esse é o caso da linguística descritiva, da linguística estruturalista ou da linguística formal, por exemplo. Podemos dizer com algum grau de certeza que todo linguista contemporâneo herdou – em grande ou pequena medida – conceitos, concepções, *moyens de faire* de alguma dessas "linguísticas".

Além disso, a obra traz capítulos sobre "linguísticas" com uma tradição anterior à década de 1970. É o caso da linguística comparada, da linguística funcional, da linguística geral, da linguística gerativa e da linguística histórica. Essas "linguísticas", ainda que anteriores a outras áreas de investigação linguística, seguem em plena atividade neste primeiro quarto do século XXI – como ficará claro ao leitor a partir da leitura desses capítulos.

Finalmente, também reunimos aqui capítulos sobre linguísticas "amplas", que contemplam, em seu seio de investigação, diferentes maneiras de pensar e fazer linguística. É o caso da linguística africana, da linguística da conversação, da linguística evolutiva e da linguística popular. Como deve ficar claro ao leitor após consultar esses capítulos, diferentes linguistas, de distintas afiliações teóricas, trabalham nessas áreas e investigam problemas caros a elas.

Tal como no primeiro volume, também aqui organizamos os capítulos de modo que cada um contenha as mesmas cinco seções, que respondem às seguintes perguntas:

1. O que é a linguística X?
2. O que ela estuda?
3. Quais são as grandes linhas de investigação?
4. Que estudos podem ser desenvolvidos nessa área?
5. O que eu poderia ler para saber mais?

Na última seção, pedimos aos autores para privilegiarem obras publicadas em português, para que o leitor brasileiro possa ter acesso facilitado a futuras leituras sobre cada tipo de linguística e possa, a partir daí, continuar a trilhar seu caminho dentro de cada área.

Esperamos que esses dois volumes, em conjunto, forneçam um panorama atualizado do campo da linguística no país. Acreditamos em uma linguística plural. Como afirmamos em outro lugar (Battisti, Othero e Flores, 2022: 137),

> nada impede que se continue usando a expressão singular "a linguística" para referir, em seu conjunto, o campo de estudos que reúne diferentes abordagens de diferentes objetos, constituídos a partir da consideração da linguagem humana. O importante é ter-se clareza de que a designação singular não pode encobrir a multiplicidade constitutiva do campo. Ou seja, cabe resguardar o "direito à existência" dos vários estudos linguísticos existentes no mundo, pois é tão legítimo o ponto de vista de estudo criado por Saussure, no início do século XX, quanto aquele criado por Chomsky, na metade desse mesmo século, apenas para citar dois dos grandes expoentes do nosso tempo. Cada um mobiliza uma perspectiva própria de entendimento de linguística, de método para desenvolvê-la e de objeto a ser abordado.

Convidamos o leitor a conhecer os capítulos deste volume e, se possível, do volume *A linguística hoje: múltiplos domínios*. Nesses dois volumes, colocamos em prática um pouco do que pensamos sobre o caráter plural dos estudos linguísticos, dando voz a diferentes pesquisadores, com diferentes métodos de análise e objetos de estudo.

Linguística africana

Margarida Petter

O QUE É A LINGUÍSTICA AFRICANA?

A linguística africana (LA) é o estudo científico das línguas da África, onde são faladas mais de 2 mil línguas, quase um terço dos idiomas vivos do mundo. Embora seja uma subárea geográfica da linguística geral[1] e deva a ela sua base teórica e metodológica, a linguística africana tem contribuído para o desenvolvimento de teorias e para a proposição de novos temas de estudo a partir da descrição e análise de dados de línguas africanas. A expressão *linguística africana* também pode suscitar outras leituras: a linguística feita por africanos, a linguística feita na África e, como dissemos, o estudo de línguas da África. Essas interpretações podem ser complementares, mas não excluem a acepção principal: a linguística africana corresponde ao estudo de línguas da África, que se definem, num sentido técnico e não ambíguo, como línguas geneticamente relacionadas, pois pertencem a um dos quatro troncos postulados inicialmente por John H. Greenberg na sua classificação seminal publicada em *The Languages of Africa* (*As línguas da África*) (1963): afro-asiático, nigero-congolês, nilo-saariano, coissã (khoisan) (Wolff, 2019b: 1).

Definir línguas africanas como aquelas que são faladas na África implica discutir algumas questões que envolvem reconhecer o fato de que naquele continente coexistem línguas africanas e não africanas. Além das faladas pelos antigos colonizadores (inglês, francês, português, espanhol) com suas expressões locais (o francês popular da África, o inglês nigeriano), há aquelas formadas: (i) pelo contato com línguas europeias, como o crioulo de base inglesa, crio (krio) de Serra Leoa, os crioulos de base portuguesa de Cabo Verde e da Guiné-Bissau, na costa atlântica, e os crioulos de base francesa de Seicheles e Maurício, no oceano Índico; (ii) outras que emergiram no contato com o árabe, como o árabe-juba (Sudão do

Sul) e o nubi (Uganda) e (iii) algumas que se formaram pelo contato entre línguas africanas, como o sango, de base ngandi (República Centro-Africana) e o fanagalo, de base zulu e xhosa (África do Sul) (Woff, 2019b: 22). Também trazem alguns problemas para essa definição línguas como o africâner, um crioulo para alguns estudiosos, mas que muitos especialistas classificam como língua indo-europeia, uma variedade de holandês, mesmo que sua origem e seus falantes estejam na África do Sul. Alguns discutem também a situação do árabe que, embora não seja originário da África, onde chegou no século XVII, seja geneticamente relacionado com as línguas nativas da África, como o hauçá, integrando o tronco afro-asiático, e seja falado em mais de 15 países africanos por povos de diversas origens. Há também o caso do malgaxe, língua falada em Madagascar, ilha que pertence ao continente africano e cujos habitantes se identificam como africanos, embora seja uma língua classificada como austronésia (Woff, 2019b: 7).

Considerando as línguas que surgiram na África, devem ser incluídas também as línguas que foram transplantadas pelos escravizados para as Américas na diáspora linguística e que vão participar de outras ecologias de contatos linguísticos.

As línguas da África também podem ser classificadas a partir de um critério tipológico, ou seja, das formas com que cada língua codifica formalmente uma determinada categoria linguística. Seguindo esse princípio, Heine e Leyew (2008: 26-27) identificaram algumas propriedades tipológicas que são restritas à África, como os cliques (sons semelhantes a estalidos, produzidos pela sucção e expulsão súbita de ar armazenado na cavidade oral) e ideofones (palavras que transmitem, pela sua sonoridade, a imagem do que representam) para distinção de cor, entre outros. Localizaram também propriedades que são muito mais comuns na África do que em outros continentes, como oclusivas labiovelares[2], harmonia vocálica baseada no avanço da raiz da língua (ATR)[3], pronomes logofóricos[4]. O que parece relevante é o fato de que a ocorrência desses ou outros traços se restringe à localização geográfica, como os cliques, que aparecem no sul da África, independentemente do parentesco genético das línguas (Heine, 2019: 168). Certos traços mostram ter uma elevada distribuição nas línguas africanas através dos limites genéticos dos troncos linguísticos. A semelhança entre as línguas parece ser, então, resultado dos contatos, da proximidade geográfica de seus falantes. Assim, a África pode ser considerada uma área linguística caracterizada por traços linguísticos comuns, mas não exclusivos.

O conhecimento das línguas do continente africano foi construído num longo percurso histórico, que decorre da conquista progressiva da África no século XV, quando a Europa se volta para a África, movida por razões mercantilistas, associadas à escravidão, ao tráfico e à colonização, mesmo que, inicialmente, o apostolado missionário se apresentasse como justificativa para as ações europeias (Petter e Araújo, 2015: 28). O empreendimento colonial dependeu da comunicação, da busca de equivalências linguísticas entre as línguas dos colonizados e as dos colonizadores. Os trabalhos sobre as línguas africanas feitos por missionários – listas de palavras, gramáticas, dicionários – documentam a necessidade e a prioridade do conhecimento da língua, dos sentidos recobertos pelas palavras, para conhecer e estabelecer contato com o "outro" africano, com a finalidade de conversão ao cristianismo. Os portugueses foram os primeiros a registrar as línguas da África de um modo significativo. Entretanto, o trabalho mais citado entre os pioneiros foi escrito pelo capuchinho italiano Giacinto Brusciotto di Vetralla e publicada em Roma em 1659: a primeira gramática do quicongo, língua da Angola e do Congo (*Regulae quaedam pro difficilimi Congensium idiomatis faciliori captu ad grammaticae normam redactae – Algumas regras para os idiomas congueses mais difíceis, reduzidas a uma norma gramatical para facilitar a compreensão*). Menos conhecido é o trabalho do jesuíta Pedro Dias, que registrou a língua falada pelos africanos escravizados no Brasil na região de Salvador, na Bahia, na obra *Arte da língua de Angola oeferecida a Virgem Senhora N. do Rosario, Mãy & Senhora dos mesmos Pretos*, que foi publicada em Lisboa em 1697 (Wolff, 2019a: 9). Esse pequeno trabalho, de 42 páginas, é considerado como a primeira gramática do quimbundo, língua que era falada pela maioria dos africanos escravizados que se encontravam em Salvador naquela época. Muitas outras publicações surgiram nos séculos XVII e XVIII, produzidas por missionários católicos. A partir de 1830, a maior parte do trabalho missionário foi feita pelos protestantes (Childs, 2003: 14).

No século XIX, os descritores das línguas africanas continuam sendo estrangeiros, alguns deles com formação linguística, que vão se apropriando das línguas com objetivos que vão além das necessidades exclusivamente práticas manifestadas no século anterior. Esses estudiosos surpreendem-se com a diferença e expressam em seus trabalhos suas impressões sobre a língua ou sobre os falantes (Bonvini, 2007: 115-116).

A LA surgiu no auge do colonialismo europeu na África como uma "ciência colonial aplicada", em consequência do regime imperialista e da expansão do cristianismo, incentivados pela corrida para a África, que precedeu e seguiu a Conferência de Berlim 1884/1885 (Wolff, 2019b: 5).

As políticas coloniais dos alemães e dos ingleses preconizavam o aprendizado de línguas africanas por parte dos administradores, para que estes conquistassem o respeito dos chefes locais e evitassem ser enganados pelos intérpretes. Bem diversa era a atitude dos portugueses, franceses e belgas, cujas estratégias eram orientadas para a assimilação das populações africanas, visto que, em suas concepções, as línguas africanas representavam um obstáculo para o projeto civilizador. Como consequência, a criação de uma área de estudos em línguas africanas e linguística foi mais tardia na França, na Itália, em Portugal e na Espanha, em comparação com a Inglaterra e a Alemanha, que produziram um número considerável de vocabulários e gramáticas práticas (Kiessling, 2019: 24). De todo modo, tendo surgido como uma "ciência colonial aplicada", a linguística africana foi concebida para servir as necessidades e os interesses dos colonizadores, que não eram necessariamente os mesmos dos colonizados (Wolff, 2019a: 5).

A LA constitui-se como uma "ciência colonial", um campo separado e autônomo de pesquisa e ensino acadêmico na virada do século XX, em academias de falantes germânicos. O ensino regular de línguas africanas começou em Berlim, em 1885, e em Leipzig em 1895 (Wolff, 2019b: 12).

Um novo estímulo veio depois da descolonização e independência dos países africanos, por volta de 1960, com trabalhos feitos na África, na América e em partes da Ásia e da Austrália. No final dos anos 1960 e meados de 1970, surgem os primeiros linguistas africanos: Ayo Bamgbose, Florence Dolphyne, Salikoko Mufwene, Sam Mchombo, Eyamba Bokamba (Agwele e Bodomo, 2018: 7).

Alguns trabalhos produzidos no período colonial estabeleceram a base para o desenvolvimento da LA, por exemplo:

- *Polyglotta Africana* (1854), em que o missionário e linguista alemão Sigismund Wilhem Koelle compara cerca de 300 termos e frases comuns a 156 línguas, coletados em Freetown (Serra Leoa) junto a escravos libertos (por volta de 70 mil). Ele propõe uma classificação geográfica – línguas do norte e do sul – e tipológica das línguas, a partir de um só critério estrutural: a presença ou ausência de afixos de classes nominais. Essa obra teve papel fundamental no reconhecimento da unidade linguística da África (Petter e Araújo, 2015: 35).
- *Comparative Grammar* (1862-1869), do linguista alemão Wilhem Heinrich Immanuel Bleek, em que o autor, com base na metodologia da gramática comparada, analisa detidamente, nos planos fonético e morfológico, os prefixos nominais das línguas da África austral, que ele designa pelo termo "Bâ-ntu", atualmente *bantu*, ou "banto", em português. A inspiração para a criação desse nome se deveu ao fato de que o autor observou a recorrência da raiz *-ntu* para designar "ser humano, homem, pessoa" e do prefixo *ba-* para indicar pluralidade, nas línguas da região central e sul da África (Petter e Araújo, 2015: 35).

Ainda na Alemanha, destacam-se os autores:

- Carl Meinhof, pela sua dedicação ao estudo do comparatismo banto (1906, 1915), que lhe proporcionou um grande reconhecimento acadêmico pelo seu trabalho de reconstrução do protobanto (*Uhr-Bantu*) e por ter avançado a fundação dos estudos de línguas bantas, a bantuística moderna (Kiessling, 2019: 36).
- Diedrich Westermann (1911, 1927) trabalhou com uma zona do Sudão, consideravelmente muito heterogênea, identificou relações importantes de muitas línguas sudanesas com as línguas bantas, faladas no oeste e parte do leste da África, lançando as bases para a classificação dos troncos nigero-congolês e nilo-saariano propostos por Greenberg (Petter e Araújo, 2015: 39).

No início do período pós-colonial (a partir de 1960), são produzidos muitos trabalhos relevantes para os estudos linguísticos na África e fora dela. Desenvolve-se uma metodologia de trabalho de campo, baseada em questionários de pesquisa linguística, com objetivos comparatistas e descritivistas.

Nos Estados Unidos, Greenberg publica *The Languages of Africa* (1963), apresentando a primeira proposta de classificação das línguas africanas, baseada no pressuposto de que elas tiveram no passado um ancestral comum, ou seja, são geneticamente relacionadas.

Na Inglaterra, Guthrie publica de 1967-1971 a monumental obra *Comparative Bantu (Banto comparativo)*, em que apresenta uma proposta de classificação que se tornou referência para as línguas bantas.

Na França, Luc Bouquiaux e Jacqueline Thomas publicam em 1976 um trabalho que se tornou referência para a pesquisa de campo e descrição de línguas – *Enquête et description des langues à tradition orale* (*Pesquisa e descrição de línguas de tradição oral*) – que foi traduzido para o inglês em 1992 sob o título de *Studying and Describing Unwritten Languages* (*Estudando e descrevendo línguas não escritas*) (Petter e Araújo, 2015: 38).

A partir de 1980 há uma expansão dos estudos de linguística africana em países não diretamente ligados à colonização do continente. Dada a sua complexidade, a LA passa a subdividir-se de acordo com subgrupos linguísticos especializados como, por exemplo, a linguística afro-asiática, a bantuística, e denominações exclusivas, como egiptologia, berberologia etc. (Wolff, 2019b: 5-6).

Atualmente, em muitos países, os estudos acadêmicos de LA não estão separados da linguística geral e, em outros, estão associados a "estudos africanos", estudos orientais, egiptologia. No Brasil, até o momento, a Universidade de São Paulo é a única a oferecer cursos de LA: uma linha de pesquisa no programa de pós-graduação, desde 1994, e uma disciplina do curso de letras e linguística na graduação, a partir de 1998. Em outras universidades do país há alguns cursos de línguas africanas, propostos como extensão.

O QUE A LINGUÍSTICA AFRICANA ESTUDA?

Num sentido restrito, a LA estuda línguas e grupos de línguas em termos de seus sistemas fonéticos, fonológicos, gramaticais (morfologia e sintaxe) e léxico. A LA almeja conseguir maior compreensão da diversidade linguística global, pela descrição e comparação de línguas e pelo desenvolvimento ou criação de instrumentos para a descrição e comparação de línguas individuais. Essa abordagem é chamada de descritiva/descritivista ou tipológica. Como há muitas línguas não descritas, a descrição é o objetivo maior da documentação para arquivo e base de comparação científica (Wolff, 2019b: 27). A LA não distingue hoje descrição de teoria, porque considera impossível uma descrição sem teoria, já que "as teorias descritivas são teorias sobre como as línguas são" (Dryer, 2006: 207; Petter e Araújo, 2015: 27). De acordo com sua formação acadêmica, os linguistas africanistas escolhem abordagens teóricas para seus campos de pesquisa, como fonologia, sintaxe, semântica, pragmática e outros. Num sentido amplo, a LA estuda línguas individuais e grupos de línguas em termos de vários domínios interligados de pesquisa em sociolinguística, etnolinguística, pragmática e, mais recentemente, no campo emergente da linguística cultural (Wolff, 2019b: 28).

Tradicionalmente, a LA não se ocupava das línguas trazidas para a África, a não ser como doadoras de léxico; tendia também a marginalizar variedades que emergiram no continente. Atualmente, essa visão estreita se ampliou, seguindo o paradigma recente de "língua como recurso", que vê as línguas em relação com a aspiração de seus falantes na busca para controlar rotinas diárias e atender os desafios sociais, políticos e econômicos (Ruíz, 1984; Wolff, 2019a: 2). Nesse sentido, a questão central que se coloca é o papel das línguas, africanas ou não, em todos os níveis da escolarização, da escola maternal à universidade. Especialistas preocupados com a educação defendem a introdução urgente do ensino da língua materna, presumindo que há uma influência da primeira língua na percepção e no desenvolvimento cognitivo (Agwele e Bodomo, 2018: 7). Dentro dessa visão, estimula-se a "intelectualização" das línguas africanas, ou seja, os processos de planejamento e padronização que levam ao uso de línguas vernáculas (ou qualquer outra língua minoritária) no sistema educacional, para que possam competir como línguas internacionais (Wolff, 2016: 326). A língua como um instrumento de promoção social é, portanto, um tema caro da sociolinguística aplicada na África. Por outro lado, as diversas situações de multilinguismo, envolvendo línguas locais, europeias e outras novas línguas de jovens, surgidas do contato linguístico, constituem tópicos de grande interesse no domínio da LA.

QUAIS SÃO AS GRANDES LINHAS DE INVESTIGAÇÃO?

A descrição das línguas faladas na África – tanto com o objetivo de dotá-las de instrumentos que permitam sua circulação no meio escrito quanto para a comparação entre variedades linguísticas sugerindo ajustes na classificação de línguas, famílias e troncos linguísticos – continua sendo uma linha de investigação necessária e importante, tendo em vista a existência de muitas línguas pouco estudadas ou carentes de descrição e as descobertas recentes de pesquisas de campo que registram o dinamismo da situação social, apresentando cenários linguísticos desafiadores.

O multilinguismo permanece como uma questão central de pesquisa na África. Investigações atuais abrem novas perspectivas para o estudo de suas várias manifestações: territoriais, socioculturais, individuais e institucionais. Por outro lado, dados empíricos recentes de influência recíproca entre línguas que não são geneticamente relacionadas, mas são faladas em regiões vizinhas, têm intensificado o interesse por questões de geografia linguística e situações de contato, provocando a revisão de conceitos estabelecidos de "línguas em perigo, atrito, perda de língua", e tendem a abalar noções aparentemente bem fundadas como "língua de herança, dialeto, comunidade de fala, grupo etnolinguístico" e outras desenvolvidas para cenários americanos e australianos (Wolff, 2019b: 23-24).

A situação multilíngue africana vem sendo tratada pela sociolinguística moderna sob as noções recentes de fluidez linguística em termos de "translinguagem" e "repertório linguístico", e não mais como línguas discretas em contato (*code-switching*). O termo *translinguagem* pressupõe que o indivíduo multilíngue transite entre as línguas dentro de um sistema único e integrado. Sua introdução na educação africana tem um valor especial, porque substitui a designação *code-switching*, estigmatizada no ensino de segunda língua (Heug, 2019: 597-598).

A noção de translinguagem leva à discussão sobre o papel da língua nas sociedades africanas e conduz também a uma revisão do conceito do que sejam "línguas", unidades discretas, reificações ideologizadas ou construtos teóricos. Para Lüpke (2019: 476), a questão de saber o que é uma língua (ou dialeto) não é linguística, visto que as "línguas nomeadas" (*named languages*) passam a existir como objetos imaginários sob motivações sociopolíticas, embora os linguistas as tratem como se fossem objetos do mundo real.

QUE ESTUDOS PODEM SER DESENVOLVIDOS COM A LINGUÍSTICA AFRICANA?

Considerando a África o continente onde a espécie humana apareceu pela primeira vez, a descrição e a documentação das línguas africanas podem assumir uma importância sócio-histórica adicional: contribuir para o conhecimento da história da África e, quem sabe, trazer algum esclarecimento sobre como a linguagem se desenvolveu e se propagou (Childs, 203: 8).

Todas as áreas de estudos linguísticos – fonologia, morfologia, sintaxe, semântica, linguística histórica, contato de língua, planejamento linguístico, política linguística etc. – encontram perspectivas interessantes de pesquisa na África, cuja diversidade linguística apresenta material empírico inédito para qualquer tipo de investigação. Na atualidade, vários temas têm surgido, necessitando de um tratamento especial, como as línguas de sinais africanas, cerca de 30 (Heine, 2019: 166), e a emergência de variedades urbanas faladas por jovens em cidades como Nairóbi, Abidjã, Johanesburgo, Quinxassa (Nassenstein, 2015: 81).

O tema do multilinguismo é bastante amplo e envolve também a preocupação com a vitalidade e o risco de desaparecimento de línguas. A metodologia mais utilizada para avaliar essa situação é contestada por Mufwene (2017), pois ela se concentra na probabilidade de perda, e não na resiliência de muitas línguas, visto que está baseada em estudos de realidades americanas e australianas, muito distintas do contexto africano. Essas análises operam dentro de uma perspectiva essencialista, centrada em línguas, e não nas ecologias e repertórios linguísticos (Lüpke, 2019: 469-471). Na África, essa metodologia está diretamente associada à prática colonial, embora o impacto das línguas europeias no desaparecimento de línguas africanas seja limitado em regiões onde há uma língua local de presença histórica na área, como no Quênia e na Tanzânia, onde o suaíle é a língua dominante que contribui para a extinção de línguas minoritárias (Brezinger, 1992; Batibo, 2005). Bastante difundida, mas pouco documentada, é a mudança para uma língua minoritária, que não reduz os níveis de diversidade linguística porque seus falantes continuam multilíngues, como os habitantes das montanhas Nuba, no Sudão. Sociedades multilíngues menores são rurais, onde o contexto é solidário e dá força para manter o multilinguismo, não para a perda de línguas (Dimmendaal, 2008).

A pesquisa em LA compreende também o estudo da diáspora das línguas africanas nas Américas. No Brasil, há um interesse crescente pelo estudo dos contatos entre línguas africanas e o português brasileiro. A hipótese de um *continuum* linguístico levantada por Petter (2008), a partir da comparação entre variedades linguísticas faladas em Angola, Brasil e Moçambique, inspirou a publicação de Álvarez-Lopez, Gonçalves e Avelar, *The Portuguese Language Continuum in Africa and Brazil*, em que são analisadas diversas propriedades estruturais compartilhadas pelas línguas do *continuum* em seus diferentes ambientes socioculturais.

O QUE EU PODERIA LER PARA SABER MAIS?

Há três publicações em português: *Línguas africanas: breve introdução à fonologia e à morfologia,* de Ernesto d'Andrade, *Introdução à linguística bantu,* de Armindo Ngunga, que trata do grupo banto e *Introdução à linguística africana,* organizado por Margarida Petter, que aborda a linguística africana e o seu estudo no Brasil. Sobre o contato de línguas africanas e o português brasileiro: *The Portuguese Language Continuum in Africa and Brazil*. Os manuais recentemente publicados oferecem uma visão completa sobre a situação LA: Wolff (2019b) e Agwele e Bodomo (2018).

Notas

1 Ver capítulo "Linguística geral", neste volume.
2 Oclusivas labiovelares são consoantes pronunciadas pela articulação simultânea dos lábios e do véu palatino, como /kp/, /gb/.
3 Harmonia vocálica por ATR corresponde ao processo de assimilação das vogais de uma palavra ao traço de avanço ou recuo da raiz da língua [ATR – *Advanced Tongue Root* – avanço da raiz da língua], que separaria as vogais das línguas que o possuem em dois grupos, um com o traço de avanço da raiz da língua (+ATR): [i u e o ə] e outro (-ATR): [ɪ ʊ ɛ ɔ a].
4 Pronomes logofóricos são pronomes específicos que desambiguizam sentenças que tenham referência a um sujeito que já foi mencionado no discurso. Na sentença "Joana disse que *ela* saiu", o uso do pronome logofórico *ye*-, na língua eve, por exemplo, não deixaria dúvida de que o referente é o mesmo da oração principal.

Referências

AGWELE, A.; BODOMO, A. (org.) *The Routledge handbook of African linguistics*. New York: Routledge, 2018.

ALVAREZ-LOPES, L.; GONÇALVES, P.; AVELAR, J. *The Portuguese language continuum in Africa and Brazil*. Amsterdam/Philadelphia: John Benjamins, 2018.

ANDRADE, E. *Línguas africanas*: breve introdução à fonologia e à morfologia. Lisboa: A. Santos, 2007.

BLEEK, W. H. I. *A comparative grammar of South African languages*. Part I. Phonology. London/Trubner: Paternoster R, 1862.

BLEEK, W. H. I. *A comparative grammar of South African languages*. Part II. The Concord. London/ Trubner: Paternoster R, 1869.

BONVINI, E. Interférences anthropologiques dans l'histoire de la linguistique africaine. *Histoire, épistemologie, langage*. v. 29, n. 2, 2007, pp. 113-30.

BOUQUIAUX, L.; THOMAS, J. M. C. *Enquête et description des langues à tradition orale*. Paris: Selaf, 1976.

BREZINGER, M. (org.). *Language death*: factual theoretical explorations with special reference to East Africa. Contributions to the sociology of language 64. Berlin: De Gruyter Mouton, 1992.

CHILDS, G. T. *An introduction to African Languages*. Amsterdam: John Benjamins Pub. Co., 2003.

DIMMENDAAL, G. J. Language ecology and language diversity on the African continent. *Language and Linguistics Compass*. v. 2, n. 5, 2008, pp. 840-858.

DRYER, M. Descriptive theories, explanatory theories, and basic linguistic theory. In: AMEKA, F.; DENCH, A.; EVANS, N. (eds.). *Catching language*: the challenge of grammar writing. Berlin/New York: Mouton de Gruyter, 2006.

GREENBERG, J. H. *The languages of Africa*. Bloomington: Indiana University Center in Anthropology, Folklore and Linguistics; The Hague: Mouton, 1963.

GUTHRIE, M. *Comparative bantu*. Farnborough: Gregg, 1967-1971.

HEINE, B. A typological and areal perspective of African languages. In: WOLFF, H. E. (orgs.). *The Cambridge handbook of African linguistics*. Cambridge: CUP, 2019.

HEINE, B.; LEYEW, Z. Is Africa a linguistic area? In: *A linguistic geography of Africa*. Cambridge/New York: CUP, 2008.

HEINE, B.; NURSE, D. (orgs.). *A linguistic geography of Africa*. Cambridge/New York: CUP, 2008.

KIESSLING, R. African linguistics and the colonial project. In: WOLFF, H. E. (org.). *A history of African linguistics*. Cambridge: CUP, 2019.

KOELLE, S. W. *Polyglotta Africana*. London: Church Missionary House, 1854.

LÜPKE, F. Language endangerment and language documentation in Africa. In: WOLFF, H. E. (org.). *The Cambridge handbook of African linguistics*. Cambridge: CUP, 2019.

MEINHOF, C. *Grundzüge einer vergleichenden Grammatik der Bantusprachen*. Berlin: Reimer, 1906.

MEINHOF, C. *An introduction to the study of African languages*. London/Toronto/New York: J. M. Dent & Sons, 1915.

MUFWENE, S. S. Language vitality: the weak theoretical underpinnings of what can be an exciting research area. *Language*. v. 93, n. 4, 2017, pp. e202-2223.

NASSENSTEIN, N. The emergence of langila in Kinshasa (DR Congo). In: NASSENSTEIN, N.; HOLLINGTON, A. (org.). *Youth language practices in Africa and beyond*. Berlin: De Gruyter Mouton, 2015.

NGUNGA, A. *Introdução à linguística bantu*. 2. ed. Maputo: Imprensa Universitária. Universidade Eduardo Mondlane, 2014.

PETTER, M. *Variedades linguísticas em contato*: português angolano, português brasileiro e português moçambicano. São Paulo, 2008. Tese (Livre Docência em Linguística) – FFLCH/USP.

PETTER, M.; ARAÚJO, P. J. Linguística africana: passado e presente. In: PETTER, M. (org.). *Introdução à linguística africana*. São Paulo: Contexto, 2015.

RUÍZ, R. Orientations in language planning. *NABE Journal*. v. 8, n. 2, 1984, pp. 15-34.

WESTERMANN, D. *Die Sudansprachen*. Hamburg: Friederichsen, 1911.

WESTERMANN, D. *Die westlichen Sudansprachen und ihrer Beziehungen zum Bantu*. Hamburg: Reimer, 1927.

WOLFF, H. E. *Language and development in Africa*: perceptions, ideologies and challenges. Cambridge: CUP, 2016.

WOLFF, H. E. (org.). *A history of African linguistics*. Cambridge: CUP, 2019a.

WOLFF, H. E. (org.). *The Cambridge handbook of African linguistics*. Cambridge: CUP, 2019b.

Linguística comparada

Giulia Bossaglia

O QUE É A LINGUÍSTICA COMPARADA?

Com "linguística comparada" não se entende uma única disciplina, mas um conjunto mais ou menos amplo de disciplinas que buscam identificar e estudar princípios gerais da linguagem a partir da comparação entre línguas e da observação de suas recíprocas semelhanças e diferenças. Isso pode ser feito tanto de uma perspectiva diacrônica como sincrônica. Neste capítulo apresentarei algumas disciplinas que podem ser incluídas entre os principais eixos da pesquisa em linguística comparada.

Em perspectiva diacrônica, há a linguística *histórico*-comparada, um ramo da linguística histórica (cf. Martins, neste volume) que busca classificar as línguas em famílias e reconstruir como deviam ser, muito atrás no tempo, suas línguas ancestrais, as chamadas "protolínguas" (do grego *prótos*, "primeiro"). Essas tarefas de classificação e de reconstrução das protolínguas não são exercícios vácuos, mas se relacionam à busca das leis e dos princípios que descrevem como as línguas se transformam ao longo do tempo, que é o objetivo central da linguística histórica como um todo.

A linguística histórico-comparada se desenvolveu e amadureceu teórica e metodologicamente como disciplina na Europa ao longo de todo o século XIX, período em que se dedicou quase exclusivamente ao estudo da família indo-europeia. Devido ao fato de os estudos linguísticos comparados terem se iniciado pela primeira vez nessa perspectiva histórica, que foi a que prevaleceu durante todo o século, é comum que se utilize o termo "linguística comparada" para referir-se a essa disciplina apenas. Mas há mais do que isso.

No começo do século XX, com o surgimento do estruturalismo, tanto na Europa com Ferdinand de Saussure (1857-1913) como nos Estados Unidos com Edward Sapir (1884-1939) e Leonard Bloomfield (1887-1949), o interesse comparativo e histórico cede o lugar para a reflexão sobre a noção de sistema linguístico, impulsionando estudos focados sobre a estrutura de línguas individuais e em perspectiva sincrônica. Não obstante, alguns passos importantes para o desenvolvimento de outras disciplinas comparativas estavam sendo dados.

Em primeiro lugar, os estruturalistas americanos se dedicaram extensivamente ao estudo de línguas indígenas da América do Norte – o próprio Sapir teve como mentor Franz Boas (1858-1942, de origem alemã), fundador da antropologia americana e pioneiro dos estudos sobre línguas como o inuit (esquimo-aleutes; região ártica da América do Norte)[1], o nootka (wakashan; Canadá), e várias outras da macro-família na-dene da América do Norte. Sapir e Bloomfield também realizaram estudos sobre línguas nativas da América do Norte de natureza tanto descritiva de suas propriedades estruturais como histórico-comparativa, propondo classificações genéticas (i.e. em famílias).

Por um lado, portanto, a metodologia comparativa da linguística histórica era testada e verificada em famílias diferentes da indo-europeia – ao longo do século XX, de fato, o método histórico-comparativo foi aplicado em praticamente todas as principais famílias linguísticas do mundo (Fox, 1995: 67). Por outro, a observação, nas línguas ameríndias e de outras famílias, de características tão distantes daquelas das línguas indo-europeias impulsionava o interesse comparativo também em perspectiva sincrônica, contribuindo assim para o desenvolvimento independente de outra importante disciplina que entra no termo guarda-chuva "linguística comparada": a tipologia.

A tipologia estuda as diferenças e as semelhanças entre línguas em perspectiva predominantemente sincrônica, classificando as línguas em "tipos" de acordo com parâmetros estruturais, sem se interessar pelas relações genéticas entre línguas. Aliás, para a tipologia é muito mais interessante observar que línguas genética e geograficamente distantes, e não próximas, compartilham propriedades e pertencem ao mesmo tipo, pois isso pode sugerir a existência de propriedades (quase) universais da linguagem.

É possível achar as raízes dessa disciplina já no século XIX, mas pode-se dizer que a tipologia moderna, de natureza comparativa e empírica, foi fundada pelo norte-americano Joseph Greenberg (1915-2001), uma figura tanto interessante como controversa. Antropólogo de formação, influenciado pelo trabalho dos estruturalistas americanos (também assistiu às aulas de Boas), boa parte de sua atuação foi voltada à classificação genética das línguas em praticamente todos os continentes, a começar pelas línguas da África, buscando comprovar não apenas relações genéticas entre línguas da mesma família, mas também relações de parentesco mais distantes, entre famílias distintas (trabalho em parte já começado por Sapir com as línguas americanas). A atuação na comprovação de relações genéticas distantes lhe rendeu um olhar e conhecimento sobre as línguas do mundo bastante abrangente, ainda que, por vezes, apenas superficial. É a partir desse olhar que, nos anos 1960 do século XX, ele funda a tipologia, voltada à comparação de muitas línguas diferentes para encontrar os princípios gerais que regem a linguagem humana – é interessante lembrar que na mesmíssima época, o recém-nascido gerativismo de Noam Chomsky buscava encontrar esses princípios a partir da análise do inglês apenas.

As perspectivas diacrônica e sincrônica se combinam também na chamada "linguística de contato", nomenclatura que abrange um amplo leque de estudos sobre os mecanismos e as consequências do encontro entre línguas (e culturas) distintas, tanto na mente do falante multilíngue, como nos sistemas linguísticos/culturais em contato (cf., por exemplo, Altenhofen neste volume sobre geolinguística). Descrever todas as vertentes da linguística de contato excede o objetivo e o espaço deste capítulo, mas é importante destacar que, na busca dos princípios gerais da mudança linguística, o estudo de como o contato entre línguas as transforma e até pode criar novas línguas (as chamadas "línguas de contato", os crioulos e os *pidgins*) complementa a linguística histórico-comparada, focada apenas nos fatores genéticos (i.e. herdados das línguas ancestrais). Ainda, contribui para a tipologia no melhor entendimento de quais similaridades entre línguas podem ser remetidas a tendências e a princípios universais da linguagem por oposição à influência da proximidade geográfico-cultural.

O QUE A LINGUÍSTICA COMPARADA ESTUDA?

Em uma perspectiva ampla, a linguística comparada estuda como as línguas naturais e suas propriedades são manifestações de princípios gerais da linguagem, tanto na diacronia (princípios gerais de mudança) como na sincronia (princípios estruturais).

Em suas vertentes diacrônicas, a linguística comparada estuda as relações entre línguas tanto no plano filogenético (classificação em famílias) como no plano do contato, procurando identificar e, tarefa ainda mais complexa, explicar os padrões e as dinâmicas de acordo com os quais as línguas evoluem ao longo do tempo, sejam essas mudanças de natureza "hereditária" ou decorrentes do contato. Estuda também como, em contextos de interação multilíngue, as línguas se influenciam mutuamente e em quais níveis, mas também como novas línguas se originam em contextos em que falantes de idiomas distintos precisam se comunicar entre si, mas não compartilham nenhuma língua franca, levando ao surgimento de *pidgins* e crioulos (i.e. *pidgins* que se tornaram língua materna de uma comunidade de falantes). A linguística de contato estuda também os processos que levam algumas línguas a prevalecer sobre outras, que se tornam, portanto, ameaçadas de extinção e podem desaparecer; nesses estudos, então, é evidente que a dimensão estritamente linguística é acompanhada pelo interesse na dimensão sociopolítica e cultural em que se dá o contato.

As vertentes sincrônicas da linguística comparada se interessam pelas propriedades estruturais das línguas, sua frequência e distribuição no espaço geográfico e nas demais famílias linguísticas, buscando, por um lado, ampliar o conhecimento sobre a grande diversidade linguística existente e, por outro, identificar, para além das acentuadas diferenças observáveis, tendências comuns a todas (ou quase todas) as línguas, isto é, os "universais linguísticos". Nesse sentido, a linguística comparada se relaciona de maneira muito forte com a documentação e a descrição de línguas menos conhecidas e estudadas, para que a descrição de princípios gerais e (quase) universais da linguagem humana não seja construída a partir de um leque incompleto e geneticamente desequilibrado de línguas: durante muito tempo, por exemplo, a família indo-europeia foi a referência dominante em moldar categorias linguísticas que muito frequentemente não se aplicam à grande maioria de línguas naturais. Portanto, a linguística comparada estuda também como encontrar categorias de análise que realmente sejam adequadas para a comparação interlinguística, aquilo que Martin Haspelmath, um dos principais tipólogos atuais, chama de "conceitos comparativos" (Haspelmath, 2010).

QUAIS SÃO AS GRANDES LINHAS DE INVESTIGAÇÃO?

A linguística histórico-comparada investiga as relações de parentesco entre as línguas e busca chegar a classificações filogenéticas e reconstruções linguísticas das protolínguas da maneira mais confiável possível. Em tempos mais recentes, têm ganhado espaço pesquisas que buscam testar novas metodologias, de natureza mais quantitativa, frequentemente auxiliadas pela ciência da computação e pela estatística (Campbell, 2013b). Várias dessas novas metodologias baseiam-se em dados de natureza lexical, exatamente como no método histórico-comparativo tradicional, mas de uma perspectiva distinta: em vez de buscar identificar inovações (i.e. mudanças) comuns às línguas comparadas, tenta-se construir agrupamentos de línguas aparentadas com base em suas distâncias recíprocas, calculadas de diferentes maneiras ou através de diferentes algoritmos (por exemplo, observando que português e italiano compartilham mais traços entre si do que os traços que compartilham, dentro da família indo-europeia, com o híndi e o russo). Outra leva recente de pesquisas em linguística histórico-comparada trabalha com uma metodologia inovadora, chamada "método comparativo paramétrico", elaborada a partir de uma perspectiva gerativista por Giuseppe Longobardi e colaboradores, a partir dos anos 2000: esse método busca também reconstruir filogenias de línguas, mas comparando (implicações entre) parâmetros sintáticos que as línguas apresentam (por exemplo, posição recíproca de nome e adjetivo, ordem dos constituintes nas expressões de posse etc.), e não lexemas (Longobardi e Guardiano, 2009).

As pesquisas tipológicas abrangem, em primeira instância, estudos classificatórios das línguas naturais: com base em parâmetros escolhidos em qualquer um dos níveis de análise linguística, as línguas são organizadas em "tipos", a partir de amostras de línguas (o mais possível) amplas – apesar de que nem sempre é fácil consegui-las. Escolhendo, por exemplo, um parâmetro no nível sintático, as línguas podem ser remetidas aos seis tipos SVO, SOV, VSO, VOS, OSV e OVS (onde S = Sujeito, V = Verbo e O = Objeto). Investiga-se, então, a distribuição geográfica e genética de determinados traços ou de determinados tipos linguísticos para identificar propriedades realmente universais das línguas (ou quase universais; pode-se tratar apenas de tendências estatísticas). Por exemplo, os tipos em que S precede O (especialmente SOV e SVO: quase 70% na amostra usada por Dryer, 2013) são de longe os mais frequentes, enquanto OVS e OSV são muito mais raros (apenas 11 do tipo OVS e 4 línguas do tipo OSV, respectivamente, na mesma amostra, que

26 A linguística hoje

comporta 1.376 línguas!). Isso sugeriria uma tendência de as línguas naturais preferirem colocar o sujeito antes do objeto. Resta aos tipólogos a desafiadora tarefa de explicar os universais linguísticos. Existem duas principais vertentes a esse respeito: as explicações que advogam em favor dos universais linguísticos como restrições de natureza cognitiva (por vezes entendidas como inatas) e aquelas que defendem a integração de fatores relacionados à eficiência comunicativa (tanto para o falante como para o ouvinte), isto é, a um processo de evolução cultural comum às línguas humanas, já que os falantes/ouvintes de todas as línguas precisam de tal eficiência (Haspelmath, 2020). Nessa perspectiva, a anteposição do sujeito em relação ao objeto tem sido explicada por alguns estudiosos levando em conta a ordem entre Tema (aquilo sobre o que se fala, muito frequentemente o sujeito de uma frase) e Rema (o que se fala sobre o Tema, muito frequentemente o sintagma verbal com seus complementos) na estrutura informativa básica dos enunciados (cf. a discussão em Mithun, 1987: 282).

A busca de universais linguísticos não é limitada apenas à dimensão sincrônica; e a tipologia investiga também quais são os padrões universais da mudança linguística, em todos os níveis de análise. Nesse sentido, a tipologia complementa a linguística histórico-comparada, fornecendo indicações muito importantes na hora de escolher como reconstruir as protolínguas. Por exemplo, entre algumas línguas da família indo-europeia observa-se a correspondência regular entre os fonemas /p/, como em latim *pater*, grego *patèr*, sânscrito *pitṛ*, e /f/, como em inglês *father*, alemão *Vater* (onde V é pronunciado [f]), gótico *fadar* – palavras que significam "pai". O fonema que mais plausivelmente pode ser reconstruído para o protoindo-europeu é /p/ e não /f/, já que na grande maioria dos casos verificados nas línguas de todas (ou pelo menos muitas das) famílias existentes é muito mais comum que oclusivas se transformem em fricativas, e não vice-versa. Assim, as línguas com /p/ teriam conservado o fonema da língua ancestral, mas ele sofreu uma mudança para /f/ nas outras, que inclusive pertencem todas ao grupo germânico – defender o oposto se tornaria pouco plausível em nível tipológico e, portanto, menos confiável.

Nas vertentes da linguística de contato que foram mencionadas, as pesquisas abrangem (i) estudos comparativos de línguas crioulas que compartilham a mesma língua lexificadora[2]; (ii) estudos diacrônicos sobre a formação e a complexificação de tais códigos, que descrevem e buscam explicar como um jargão[3] ou um *pidgin* rudimentar se tornam um *pidgin* linguisticamente complexo (com categorias lexicais reconhecíveis e morfemas gramaticais) e, eventualmente, se tornam uma língua crioula. Nesse último caso, explora-se, de fato, como se forma a gramática de uma língua.

As línguas de contato são estudadas em perspectiva tipológica, de um lado, através da comparação entre crioulos e *pidgins*; de outro lado, através da comparação entre eles e as línguas que não são de contato. A observação de que as línguas de contato apresentam um conjunto relevante de características "universais" orienta linhas de investigação que buscam verificar se esses princípios são realmente "universais", ou se dependem, como acontece com as demais línguas, de fatores genéticos (já que há uma preponderância de línguas indo-europeias como lexificadoras) ou de contato.

Fica claro que é de suma importância (e urgência, em muitos casos) que cada vez mais dados linguísticos sejam disponibilizados para as pesquisas comparativas, que sofrem, tanto nos estudos diacrônicos como sincrônicos, de uma hiper-representação de algumas línguas. Assim, ainda sem se tratar de uma linha de investigação propriamente dita, os trabalhos de documentação linguística de línguas pouco conhecidas, minoritárias e ameaçadas são de extrema importância para a pesquisa em linguística comparada e, de fato, são parte fundamental dela.

QUE ESTUDOS PODEM SER DESENVOLVIDOS COM A LINGUÍSTICA COMPARADA?

Diversas línguas (da África Ocidental ao Sudeste Asiático, à Oceania e à Amazônia) e muitas línguas de contato possuem uma estratégia gramatical chamada "serialização verbal". É o caso em que dois ou mais verbos, que não apresentam marcas explícitas de dependência sintática ou de coordenação, compartilham os mesmos argumentos e as mesmas marcas de tempo, modo ou aspecto, formando um único predicado e descrevendo um único evento (Aikhenvald, 2006: 1). Vejam-se os exemplos em (1), da língua baúle (nigero-congolesa, Costa de Marfim – cf. Creissels, 2000 apud Aikhenvald, 2006: 2), e em (2), do singlish, crioulo falado em Singapura, de base lexical inglesa, com contribuições do malaio e de diversos dialetos do chinês (cf. Lim e Ansaldo, 2013):

(1)   *ɔàfà ì swa n àklè mī*
        pegou sua casa a mostrou a mim
        "Ele me mostrou a sua casa" (lit. "Ele pegou sua casa me mostrou")

(2)   *take the book bring come*
       pega o livro traz vem
       "Traz o livro para mim"

A partir de uma perspectiva tipológica, Haspelmath (2016) traz uma descrição de diferentes configurações da serialização verbal (por razões de espaço, forneço exemplos apenas em sua tradução para português, com base naqueles do autor): verbos seriais que compartilham o agente e que indicam movimento (como em "Ele pulou passou a cerca" = "Ele ultrapassou a cerca"), ou que compartilham agente e paciente ("Eles pegaram o animal mataram" = "Eles mataram o animal"), ou agente, paciente e instrumento ("Ela pegou faca cortou frango" = "Ela cortou o frango com a faca"), entre outras.

Observando as variadas possibilidades da serialização verbal descritas na literatura, Haspelmath (2016) reconhece que é complexo chegar a universais linguísticos sobre os verbos seriais utilizando as categorias descritivas vigentes, pois elas se aplicam bem a línguas individuais, mas não se sustentam da mesma maneira em nível comparativo. O autor propõe então uma definição mais limitada em termos de propriedades que essas construções devem ter para serem consideradas instâncias de serialização, mas que funciona bem para comparar os verbos seriais entre línguas às vezes muito diferentes: a serialização verbal consiste em uma construção de predicado único formada por verbos independentes, sem nenhum elemento de ligação, nem relação de dependência entre eles. Retirando todos os requisitos sobre compartilhamento de argumentos e categorias de tempo, modo e aspecto, ou de descrição de um evento único, é possível obter um "conceito comparativo" de serialização verbal que permite hipotetizar novos universais linguísticos sobre essas construções, pois envolve aspectos realmente comparáveis entre línguas muito diferentes, ao mesmo tempo em que retira aqueles mais idiossincráticos de cada língua específica. Assim, os universais linguísticos que podem ser formulados a partir dessa comparação (em Haspelmath, 2016, são hipotetizados 11 universais) serão muito mais confiáveis e também testáveis em novas línguas.

A serialização verbal pode ser estudada, também, como estágio de um processo diacrônico de gramaticalização de verbos lexicalmente plenos em morfemas com diversas funções gramaticais. As serializações verbais gramaticalizadas mais documentadas são as seguintes: (i) morfemas de tempo, modo e aspecto verbal (por exemplo, de verbos com significado "querer" para morfemas de tempo futuro); (ii) advérbios e partículas que indicam direção junto a verbos de movimento (muito comum para verbos com significado de "ir" ou "vir":

"ele veio correu" = "ele correu até mim"); (iii) preposições ou posposições (a partir de verbos como "dar", "fazer"); (iv) morfemas de comparativo ou superlativo (de "exceder", "ultrapassar"); e (v) conjunções e complementizadores (Aikhenvald, 2006: 31-32).

Nessa perspectiva, é possível estudar a serialização em línguas individuais, para verificar – comparando os usos dos mesmos verbos como verbos lexicalmente plenos em contraste com aqueles em construções seriais – que processos de gramaticalização levaram aos usos serializados e, em perspectiva comparativa, ver se eles seguem caminhos já documentados nas línguas naturais.

A serialização pode ser estudada em uma perspectiva de contato, ao constituir uma característica típica de muitas línguas crioulas. Por exemplo, Maurer (2013) observa que o verbo "dar" em construções seriais é utilizado, com diferentes graus de gramaticalização, para introduzir beneficiários de uma ação ("Comprei o livro dei você" = "Comprei o livro para você"). Em uma amostra de 75 línguas, 32 apresentam esse tipo de uso, das quais 26 com o verbo "dar" em segunda posição dentro da construção serial, e apenas 6 com "dar" em primeira posição.

A generalização a partir desses dados permitiria supor uma preferência forte das línguas crioulas para a segunda posição do verbo "dar"; no entanto, ao observar a distribuição geográfica das duas ordens, observa-se que a primeira é típica da região caribenha e da África atlântica, e a segunda, do Sudeste Asiático. Assim, é possível reconduzir essa distribuição à influência dos substratos linguísticos: os crioulos atlânticos e caribenhos "herdaram" das línguas da África Ocidental o uso de "dar" na segunda posição, ao passo que o uso de "dar" em primeira posição procede do malaio, principal língua lexificadora para os crioulos no Sudeste Asiático.

Existem muitos estudos sobre serialização verbal em línguas indígenas do Brasil, e até estudos sobre possíveis processos de serialização verbal no português brasileiro (construções como "foi fez" ou, menos gramaticalizada, "pegou e falou") – fenômenos de serialização em português são observados também em variedades africanas em contato com crioulos, como no português de São Tomé e Príncipe (cf. Gonçalves e Hagemeijer, 2015). O mesmo fenômeno, na linguística comparada, pode ser abordado em perspectivas distintas e ao mesmo tempo complementares entre si.

O QUE EU PODERIA LER PARA SABER MAIS?

Em português, Bossaglia (2019) pode ser uma referência útil (sobretudo para iniciantes) na linguística comparada em suas vertentes diacrônicas e sincrônicas; Faraco (2005), para a linguística histórico-comparada; e Couto (1996), sobre as línguas de contato.

Entre os melhores textos introdutórios, mas em inglês, há Campbell (2013a) sobre linguística histórica, Velupillai (2012) sobre tipologia, e Velupillai (2015) sobre línguas de contato. Além destas e das referências citadas no capítulo, recomendo uma incursão em alguns dos seguintes recursos on-line, úteis para conhecer a diversidade linguística mundial, tanto do ponto de vista filogenético como tipológico:

- Atlas tipológico das línguas de contato: APiCs – *Atlas of Pidgin and Creole Language Structures* (https://apics-online.info/)
- Atlas tipológico: WALS – *World Atlas of Language Structures* (https://wals.info/)
- Catálogo das línguas do mundo: Glottolog (https://glottolog.org/)
- Catálogo das línguas do mundo: Ethnologue (https://www.ethnologue.com)
- Catálogo das línguas indígenas brasileiras, com materiais linguísticos: SIL Brasil - (https://www.silbrasil.org.br/)
- Atlas tipológico das línguas indígenas da América do Sul: SAILS – *South American Indigenous Language Structures* (https://sails.clld.org/)

Notas

[1] Para línguas menos conhecidas, fornecem-se as seguintes informações entre parênteses: nome da família linguística à qual pertencem; localização de seus falantes.

[2] Ou seja, a língua, geralmente uma língua de colonização, que mais contribuiu para o léxico da língua de contato.

[3] Código pré-linguístico, composto principalmente de gestos.

Referências

AIKHENVALD, A. Y. Serial verb constructions in typological perspective. In: AIKHENVALD, A. Y.; DIXON, R. M. W. (eds.). *Serial verb constructions*: a cross-linguistic typology. Oxford: Oxford University Press, 2006.

BOSSAGLIA, G. *Linguística comparada e tipologia*. São Paulo: Parábola, 2019.

CAMPBELL, L. *Historical linguistics*. Edinburgh: Edinburgh University Press, 2013a.

CAMPBELL, L. Quantitative approaches to historical linguistics. In: *Historical linguistics*. Edinburgh: Edinburgh University Press, 2013b.

COUTO, H. H. *Introdução ao estudo das línguas crioulas e pidgins*. Brasília: Editora UNB, 1996.

Linguística comparada   31

DRYER, M. S. Order of subject, object and verb. In: DRYER, MATTHEW S.; HASPELMATH, MARTIN (eds.) *The world atlas of language structures online*. Leipzig: Max Planck Institute for Evolutionary Anthropology. 2013. Disponível em: <http://wals.info/chapter/81>. Acesso em: dez. 2022.

FARACO, C. A. *Linguística histórica*. Uma introdução ao estudo da história das línguas. São Paulo: Parábola, 2005.

FOX, A. *Linguistic reconstruction*: an introduction to theory and method. Oxford University Press on Demand, 1995.

GONÇALVES, R.; HAGEMEIJER, T. O português num contexto multilíngue: o caso de São Tomé e Príncipe. *Revista Científica da Universidade Eduardo Mondlane: Série Letras e Ciências Sociais*. v. 1, 2015, pp. 87-107.

HASPELMATH, M. Comparative concepts and descriptive categories in crosslinguistic studies. *Language*. v. 86, n. 3, pp. 663-687, 2010.

HASPELMATH, M. Human linguisticality and the building blocks of languages. *Frontiers in Psychology*. v. 3056, 2020. Disponível em: <https://www.frontiersin.org/articles/10.3389/fpsyg.2019.03056/full>. Acesso em: nov. 2022.

LIM, L., ANSALDO, U. Singlish structure dataset. In: MICHAELIS, S. M.; MAURER, P.; HASPELMATH, M.; HUBER, M. (eds.). *Atlas of Pidgin and Creole language structures online*. Leipzig: Max Planck Institute for Evolutionary Anthropology, 2013. Disponível em: <http://apics-online.info/contributions/21>. Acesso em: nov. 2022.

LONGOBARDI, G.; GUARDIANO, C. Evidence for syntax as a signal of historical relatedness. *Lingua*. v. 119, n. 11, pp. 1679-1706, 2009.

MAURER, P. and the APiCS Consortium. 'Give' serial verb constructions. In: MICHAELIS, S. M.; MAURER, P.; HASPELMATH, M.; HUBER, M. (eds.). *The atlas of Pidgin and Creole language structures*. Oxford: Oxford University Press, 2013. Disponível em: <https://apics-online.info/parameters/86.chapter.html>. Acesso em: nov. 2022.

MITHUN, M. Is basic word order universal? In: TOMLIN, R. S. (ed.). *Coherence and grounding in discourse*. Amsterdam/Philadelphia: John Benjamins, 1987.

VELUPILLAI, V. *An introduction to linguistic typology*. Amsterdam/Philadelphia: John Benjamins, 2012.

VELUPILLAI, V. *Pidgins, Creoles and mixed languages*. An introduction. Amsterdam/Philadelphia: John Benjamins, 2015.

Linguística da conversação

Marlete Sandra Diedrich

O QUE É A LINGUÍSTICA DA CONVERSAÇÃO?

Para respondermos a esta questão, faz-se necessário voltarmos no tempo para entendermos a construção de um novo olhar no universo dos estudos linguísticos, o qual garante espaço para o tema da conversação. Ao longo de um histórico marcado pela instauração, a partir de 1960, de determinados diálogos entre pesquisas linguísticas voltadas para a interação e as contribuições advindas, principalmente, da vertente de estudos de cunho etnometodológico, a conversação passa a despertar o interesse também dos linguistas.

Voltamo-nos, inicialmente, às origens dos estudos etnometodológicos no berço da sociologia, com o intuito de recuperarmos o *status nascendi* de um olhar que, com o tempo, espraia-se também para pesquisas linguísticas que elegem a conversação como seu objeto de estudo. Fazemos isso por meio de um percurso que vai se delineando em diferentes espaços acadêmicos, envolvendo tanto as pesquisas norte-americanas quanto as desenvolvidas em universidades europeias, uma vez que é a confluência dos trabalhos realizados em distintas universidades que define a linguística da conversação.

Publicação importante para a configuração dos estudos etnometodológicos é a obra *Studies in Ethnomethodology*, de Harold Garfinkel, pesquisador da Universidade da Califórnia. Nessa obra, publicada em 1967[1], o autor apresenta, já no "Prefácio" por ele assinado, a intenção de estudar a sociedade a partir de um ponto de vista distinto, em alguma medida, das ideias de Durkheim acerca da realidade objetiva dos fatos. Garfinkel (1967) assume um novo olhar para a organização da vida em sociedade, o qual privilegia as atividades cotidianas dos participantes de um determinado grupo e se volta para o modo como os participantes organizam essas atividades. Os modos de organização da vida em sociedade são entendidos como métodos para tornar essas mesmas atividades

34 A linguística hoje

visivelmente racionais aos olhos da sociologia. Sendo assim, as interações dos participantes e as especificidades determinantes do tratamento das ações envolvidas nessas interações ocupam lugar de destaque para os trabalhos da vertente etnometodológica. A distinção em relação à sociologia tradicional está justamente no fato de que, para a vertente etnometodológica, é a ação dos participantes que define sua identidade, enquanto para a sociologia tradicional o peso recai sobre definições dadas *a priori*.

É em meio a essa nova maneira de olhar para a organização social que a conversação encontra seu espaço no universo de estudos sociológicos, mais especificamente, no universo dos estudos etnometodológicos. Harvey Sacks, sociólogo adepto do etnométodo, vê, a partir dos trabalhos de Garfinkel, a possibilidade de se estudar a conversação real e espontânea como um modo de ação. Sob este ponto de vista, a fala-em-interação é concebida como construção derivada de métodos adotados pelos participantes em suas ações no mundo. O trabalho de Harvey Sacks, em conjunto com Gail Jefferson e Emanuel Schegloff, marcou de modo decisivo os encaminhamentos para os estudos da conversação, tanto no campo da sociologia como para o que virá em seguida na direção da linguística. Esse grupo de pesquisadores é considerado o grupo fundante dos estudos conversacionais etnometodológicos. É deles o citado artigo "A Simplest Systematics for the Organization of Turn-taking for Conversation", publicado em 1974, na revista *Language*, o qual define princípios de análise que permitem ver a interação conversacional cotidiana a partir de métodos adotados pelos participantes em suas conversações espontâneas[2]. Ao descrever interações naturalísticas da vida em sociedade, Sacks, Schegloff e Jefferson (1974) analisam conversas de ocorrência natural, gravadas em áudio, e descrevem, de modo sistemático, a organização da tomada de turnos na conversa. O estudo assume relevância em função de buscar responder a uma questão de fundo nos estudos conversacionais. Trata-se de saber o que, de fato, numa conversa, pode ser considerado um fenômeno geral, uma vez que tal fenômeno marcaria toda e qualquer conversação natural, mas, como toda realização dessa natureza, esse fenômeno seria também sensível ao contexto particular. Nesse sentido, a pergunta que move os autores é a seguinte: "o que poderia ser extraído como fenômenos ordenados de materiais conversacionais que acabariam por não requerer referência a um ou outro aspecto de situacionalidade, identidades, especificidade de conteúdo ou de contexto?" (2003: 13-14). Os autores entendem que a tomada de turnos pelos participantes da conversa é a resposta para essa pergunta e por isso o estudo por eles apresentado acaba por definir elementos decisivos para as pesquisas vindouras, a saber:

a. A conversa envolve situações distintas, interações nas quais participam pessoas ou grupos de variadas identidades; ela pode ser sensível às várias combinações e pode ser capaz de lidar com uma mudança de rumo dentro de uma situação.
b. A tomada de turnos é uma forma básica de organização para a conversa e manifesta-se como um tipo apropriado de abstração geral e um potencial de particularização local.

Importante histórico dos estudos etnometodológicos também é encontrado na obra *L'Ethnométhodologie*, de Alain Coulon, publicada em 1987, na França. No Brasil, a obra é publicada em 1995, com o título *Etnometodologia*. Nela, o autor situa os estudos etnometodológicos e seus principais pesquisadores, com destaque para Garfinkel e sua obra já referida, além de outros importantes nomes, como Aron Cicourel e os estudos por ele desenvolvidos na Universidade da Califórnia. Segundo Coulon (1995), a pesquisa etnometodológica encontra nas ideias precursoras de Alfred Schütz[3] preciosa condução, uma vez que, segundo perspectiva fenomenológica social apresentada por Schütz, todos nós, membros de uma sociedade, somos sociólogos em estado prático. A etnometodologia, via relação direta com o outro, o *ethnoi*, e em interlocução com este outro em seu fazer cotidiano, busca os sentidos que os próprios atores sociais dão às suas ações em sociedade. Segundo essa perspectiva, portanto, é na ação dos atores sociais, sempre renovada, que ocorre a construção dos processos de interação na vida cotidiana.

Certamente o histórico que fazemos até aqui não é suficiente para explicitarmos o que é a linguística da conversação. Para tanto, necessitamos, ainda, esclarecer de que forma se deram os diálogos que permitiriam a proximidade do campo da etnometodologia, originária da sociologia, e o campo da linguística. Destacam-se, no entanto, dessa incursão inicial, alguns apontamentos: os estudos conversacionais, de natureza etnometodológica, elegem a tomada de turnos como elemento fundamental para a descrição das conversas cotidianas; e a conversação é definida, portanto, a partir de características decorrentes desse modo alternado de organização, com destaque para duas dessas características: a) na conversação, há interação entre pelo menos dois falantes, com troca de turnos; b) em sua formulação, é fundamental a sequenciação de ações coordenadas e centradas ocorridas num determinado tempo.

Assim, se, por um lado, a conversação vai se constituindo como objeto de estudo no interior da abordagem etnometodológica, por outro, é importante registrarmos a abertura dos estudos no âmbito da linguística para temáticas que

36 A linguística hoje

vão além da língua enquanto sistema. É o caso das pesquisas sociolinguísticas, em especial, dos trabalhos de Labov (1972), os quais abrem perspectivas para que se estudem fenômenos da linguagem situados socialmente. Também são importantes os trabalhos dos pesquisadores do Círculo de Bakhtin. Entre esses, destacamos a obra *Marxismo e filosofia da linguagem: problemas fundamentais do método sociológico na ciência da linguagem*, publicada originalmente em 1929[4], na Rússia, e que somente bem mais tarde[5] ganhou notoriedade entre os linguistas. Na obra, tecem-se críticas tanto ao objetivismo abstrato dos estudos linguísticos como ao subjetivismo idealista, com destaque para o fenômeno da interação verbal como realidade fundamental da linguagem. Além desses estudos, registram-se as contribuições advindas da pragmática, em especial, dos estudos dos atos de fala, a partir dos trabalhos de John Austin (1962) e de seu sucessor, John Searle (1979). Esses estudos, realizados, inicialmente, na Universidade de Oxford, logo ganharam visibilidade também nos Estados Unidos, por meio de várias palestras proferidas por Austin, as quais vão compor, postumamente, o livro *How to Do Things With Words* (1962). O interesse desses estudiosos se volta para a prática linguística e para as condições que regem o uso da língua, partindo da ideia de que, ao falar, o homem age. Com essa mesma motivação, destacam-se os trabalhos de Paul Grice (1975), envolvendo as máximas conversacionais. Segundo o autor (1975), o princípio geral da comunicação é a cooperação entre os falantes para a máxima eficiência na troca de informações. Essa abertura da linguística para influências exteriores possibilita o surgimento de estudos associados a uma concepção de língua voltada a aspectos interacionais. Nessa nova incursão, encontra-se espaço para o desenvolvimento de pesquisas cuja atenção recai sobre interações conversacionais e sobre suas especificidades de realização. Segundo Mondada (2008), é justamente o reconhecimento do papel da interação na estruturação da linguagem e da ação recíproca dos participantes, principalmente, na produção do que se diz, que permite inscrever o princípio interacional como tema dos estudos linguísticos.

Com esse panorama traçado, podemos afirmar que a linguística da conversação encontra seu lugar entre os estudos que se ocupam da interação, mais especificamente, da interação conversacional. É importante destacarmos que o termo "linguística da conversação" praticamente não aparece nos tratados de linguística. Ao usarmos o termo, neste capítulo, estamos, portanto, nos referindo aos estudos conhecidos no meio acadêmico como estudos conversacionais ou estudos da conversação, os quais têm encontrado espaço nas pesquisas desenvolvidas por áreas conhecidas como análise da conversa e análise da conversação, às quais dedicaremos atenção na sequência deste capítulo. Por ora, apresentamos uma resposta ainda inicial à pergunta tema desta seção: o que é a linguística da conversação? A linguística da conversação se configura como um campo da linguística originário de diálogos empreendidos pelas pesquisas linguísticas com áreas externas a ela, em especial, com os estudos nascidos no berço da sociologia, de perspectiva etnometodológica, cujo centro de interesse se encontra, segundo Heritage e Atkinson (1984), na descrição e explicação das competências que os falantes comuns usam e das quais dependem para participar de uma interação inteligível e socialmente organizada[6]. Cabe, assim, à linguística da conversação estudar o modo como os falantes organizam a interação conversacional.

Dessa forma, os estudos desenvolvidos pela linguística da conversação investigam dados empíricos registrados em conversações reais e espontâneas, o que implica, ao analista da conversação, o trabalho de transcrição dos dados falados, tarefa que marca todo e qualquer trabalho da área, além de ser necessário ao pesquisador, conforme afirma Gülich (1991), abster-se de categorias teóricas preestabelecidas e buscar encontrar, em cada grupo de participantes, as categorias que lhe são pertinentes.

O QUE A LINGUÍSTICA DA CONVERSAÇÃO ESTUDA?

A partir do histórico delineado anteriormente, podemos afirmar que a conversação é o objeto central de uma linguística da conversação. Para melhor compreendermos os limites e as possibilidades desse estudo, necessitamos elucidar o que se entende por conversação.

Segundo Kerbrat-Orecchioni (1986), o mecanismo da interação conversacional é muito mais complexo do que apenas o envolvimento de dois falantes conversando alternadamente. Em virtude da complexidade da conversação, os falantes precisam ratificar, mutuamente, que sabem seus direitos e deveres durante uma interação verbal para que ela seja bem-sucedida. Além disso, mecanismos de coordenação, harmonização, sincronização dos comportamentos dos falantes também são levados em consideração nos estudos conversacionais. Para a autora (1986), a análise da conversação deve tentar reconstituir o trabalho de produção e de interpretação efetuado pelos falantes envolvidos numa conversa. Nesse trabalho, contribuem os recursos verbais, muitos deles operando como marcadores conversacionais. Os marcadores conversacionais constituem uma classe que, segundo Marcuschi (2000), não agrega informações novas na conversação, mas situam os tópicos sobre os quais se discorre, incluindo a classe de elementos não lexicalizados, como "ahã", "ué", entre outros. Também são levados em conta, num estudo da conversação, os aspectos não verbais, ou paralinguísticos, tais como o riso, um olhar, um dar de ombros, entre tantos outros que desempenham importante papel na manutenção e regulação do contato. Somam-se, ainda, a um trabalho de descrição e interpretação da conversação os recursos de natureza linguística mas suprassegmentais, como a pausa e o tom de voz, os quais não têm caráter verbal, porém desempenham papel fundamental no funcionamento da interação.

Sendo assim, a linguística da conversação tem por interesse as relações construídas na conversação, entendida como a prática social mais comum e como primeira fonte de interação humana. Segundo Silva (2005: 32), "A conversação é, pois, uma atividade em que duas ou mais pessoas interagem por meio da linguagem verbal e/ou não verbal". Assim, no universo dos estudos conversacionais são estudados os fenômenos de coconstrução da conversação, as relações de proximidade e engajamento entre os falantes, as estratégias de formulação e reformulação do texto falado, os marcadores conversacionais, o tópico conversacional, as estratégias de troca e manutenção de turnos de fala, entre muitos outros temas.

Todos esses elementos, portanto, interessam a um trabalho realizado no escopo da linguística da conversação. No entanto, há de se destacar que a análise do papel desses elementos na interação conversacional sofre alteração a partir do enfoque assumido em cada linha de investigação que constitui os estudos conversacionais, conforme explicitamos a seguir.

QUAIS SÃO AS GRANDES LINHAS DE INVESTIGAÇÃO?

A partir do percurso traçado na primeira seção deste capítulo, procuramos deixar claro o nascedouro da linguística da conversação num conjunto de trabalhos investigativos externos à linguística, mas que, ao longo do tempo, principalmente na década de 1980, estabeleceram importantes diálogos com esta área. Na sequência, apresentamos um breve panorama de como se constituíram, em especial, no cenário brasileiro, mas sempre em relação com o panorama internacional, duas grandes linhas de investigação marcadas pelo interesse em torno da interação conversacional. É possível afirmar que os estudos conversacionais chegam ao Brasil em duas vertentes definidoras dos rumos de pesquisa configurados atualmente:

(i) Uma dessas vertentes ficou conhecida no Brasil como análise da conversa. Nessa vertente, são precursores, no país, os trabalhos de Pedro de Moraes Garcez, cujo foco de atenção se volta para a fala-em-interação social – pesquisa empírica dos métodos que o interactante utiliza para dar sentido e, ao mesmo tempo, realizar suas ações. Essa vertente é influenciada, principalmente, pelos princípios etnometodológicos de origem, com destaque para as concepções de fala-em-interação de Sacks, Schegloff e Jeffferson (1962). Segundo Garcez (2008), a análise da conversa tem como meta principal a descrição e explicação das competências que os falantes usam e das quais dependem ao participar de interação inteligível socialmente organizada. A pesquisa dessa área consiste, portanto, no estudo dos procedimentos empreendidos pelo participante da interação para coconstruir suas ações sociais, "para produzir o próprio comportamento e para entender e lidar com o comportamento dos outros" (Garcez, 2008: 18). As pesquisas desenvolvidas nesta perspectiva caracterizam uma espécie de área que se poderia chamar de análise da conversa aplicada, uma vez que as investigações se voltam para determinadas interações sociais, com interesse em descrever as ações sociais em sua relação com a linguagem em determinados eventos comunicativos, o que a liga diretamente aos princípios da etnometodologia primeira. Destacam-se, nesta linha, além dos trabalhos do núcleo de pesquisas de Garcez[7] (2005, 2008), também as investigações desenvolvidas por Neiva Maria Jung e seus pares (Jung e Petermann, 2016). Esses pesquisadores têm encontrado na interação em sala de aula um foco importante para os estudos da conversa. De grande relevância nesta perspectiva também são os trabalhos de Ana Cristina Ostermann (2021) e seu grupo de pesquisa. Esse grupo se dedica atualmente a investigar interações na área da saúde, como entrevistas de atendimento entre médicos e pacientes (Ostermann e Meneghel, 2012), assim como a interação em teleatendimentos de saúde (Ostermann e Oliveira, 2015).

(ii) Outra vertente é a chamada análise da conversação. Ela foi inaugurada no país pelos trabalhos de Luiz Antônio Marcuschi, autor da obra *Análise da conversação* (2000), cuja primeira edição é de 1997, uma espécie de manual para os pesquisadores que se interessam pela conversação, com explicitação da técnica de transcrição de dados conversacionais e das caraterísticas organizacionais da conversação. As concepções do autor advêm, principalmente, de trabalhos realizados por pesquisadores alemães, uma vez que parte de seus estudos é realizada na Alemanha. Destacam-se, no cenário alemão, as ideias de Rainer Rath (1979), as quais se voltam para pesquisas acerca da organização de textos falados, em especial, os conversacionais. Segundo afirmam Gülich e Mondada (2008), ganha espaço, no cenário de pesquisas, uma análise da conversação de cunho mais linguístico e menos sociológico, com interesse sistemático pela língua e pelas construções gramaticais. No Brasil, essa vertente se aproxima dos estudos da linguística textual e se reveste de novas nuances, muito particulares, voltando seu interesse para a construção de textos falados[8]. Muitos dos analistas da conversação brasileiros se valem de dados coletados por ocasião do Projeto da Norma Urbana Culta (Nurc). O Nurc foi iniciado na década de 1960 e pretendia construir um registro da norma urbana culta falada no país, na linha do que Lope-Blanch (1964), linguista espanhol, vinha propondo no *Proyecto de estudio coordinado de la norma linguística culta de las principales ciudades de iberoamérica y de la península ibérica*. Os materiais coletados e registrados pelo Nurc[9] foram e ainda são muito usados pelos analistas da conversação cujos trabalhos se voltam para aspectos textuais interativos. Entre esses usos, destaca-se o Projeto da gramática do português falado, lançado em 1987, sob coordenação de Ataliba T. de Castilho. Esses dois grandes projetos não representam estudos específicos da análise da conversação, uma vez que têm interesses diversos, no entanto, são fundamentais para a constituição de núcleos de trabalho que se dedicam a pensar a conversação e o tema da oralidade como objeto de estudo. Entre os trabalhos realizados, destacamos os de Dino Preti, em especial, a discussão sobre a conversação no universo da literatura (Preti, 2002). Também são especialmente importantes os trabalhos de José Gaston Hilgert, alguns deles voltados para a conversação nas redes sociais (Hilgert, 2000, 2021). Nessa perspectiva, destacam-se também trabalhos acerca das estratégias específicas de construção do texto falado, como os desenvolvidos por Luiz Antônio Marcuschi (Marcuschi, 1997) acerca da repetição; por Diana Luz Pessoa de Barros (Barros, 1993) sobre a correção; e por Hilgert (1993) sobre a paráfrase. Registram-se, ainda, importantes incursões voltadas à temática da construção do texto falado no ensino de língua, estando alguns desses estudos registrados em número da *Revista Filologia e Linguística Portuguesa* publicado em 2015[10]. Os estudos dessa perspectiva passam, ao longo de seu desenvolvimento, a constituir importantes diálogos com as teorias do texto e do discurso, em especial, com a semiótica discursiva, na busca de se "obter uma visão mais completa da interação entre sujeitos na conversação" (Leite et al., 2010: 82).

QUE ESTUDOS PODEM SER DESENVOLVIDOS COM A LINGUÍSTICA DA CONVERSAÇÃO?

Buscando coerência com o que expusemos até aqui, faz-se necessário que organizemos nosso raciocínio na continuidade das informações apresentadas em relação às duas grandes linhas de investigação que marcam a linguística da conversação. Sendo assim, os estudos que podem ser desenvolvidos nessa área são apresentados em duas grandes direções. Pontuemos cada uma delas.

No escopo do que ficou conhecido como "análise da conversa", as pesquisas apontam para temáticas voltadas para a interação em si em ambientes situados, como demonstram os trabalhos já referidos. Nessas investigações, assumem relevância as estratégias interacionais dos falantes na estruturação da conversa empreendida, como os fenômenos interacionais específicos e suas contribuições para descrever práticas cotidianas em determinadas áreas profissionais.

Nos limites do que se costuma chamar "análise da conversação", com especial diálogo com as teorias do texto e do discurso, as investigações desenvolvidas têm aberto espaço para estudos voltados para a organização textual-interativa, como as estratégias de reformulação, as hesitações, o preenchimento de pausas e o uso de marcadores conversacionais, além da relação entre oralidade e escrita, entre outros temas de natureza semelhante.

O QUE EU PODERIA LER PARA SABER MAIS?

Como procuramos deixar claro neste breve panorama que traçamos sobre os estudos da linguística da conversação, há obras variadas em torno de temas também diversos, que podem ser entendidas como referenciais para um trabalho da área. Acreditamos ser possível lançarmos nosso olhar para a questão a partir de três grandes direções. A primeira delas diz respeito às bases comuns dos estudos da linguística da conversação, com a inserção nos fundamentos teórico-metodológicos de um trabalho centrado na interação conversacional, com relevância para o cuidado e o apuro com os dados naturalísticos, seus registros e interpretação das ocorrências neles reveladas. Assim, entendemos ser importante

42 A linguística hoje

para quem deseja se aventurar por essas investigações ler alguns trabalhos de base sobre o tema. Os estudos conversacionais encontram nas proposições de Erving Goffman, antropólogo e cientista social, significativo apoio teórico para muitas de suas incursões. Desse autor, sugerimos a leitura da obra *Ritual de interação: ensaios sobre o comportamento face a face* (Goffman, 2012). Ainda, nessa primeira direção, lembramos também os trabalhos de Kerbrat-Orecchioni, pesquisadora francesa, entre os quais destacamos *La Conversation* (1996). Da mesma autora, encontra-se publicado em português *Análise da conversação: princípios e métodos (*2006). Além desses, também merece ser citado o artigo "L'Analyse du discours en interaction: quelques principes methodologiques" (2007) [A análise do discurso em interação: alguns princípios metodológicos], cujos fundamentos se encontram comentados por Diedrich e Rigo (2017), em artigo publicado em português, intitulado "A língua mobilizada na interação: princípios metodológicos para um trabalho de investigação".

Numa segunda direção de indicações de leitura, apontamos para a especificidade dos trabalhos da análise da conversa e para seu interesse pelas práticas interacionais em contextos aplicados. Nesse sentido, entre tantos trabalhos importantes publicados, limitamo-nos ao registro de três deles. O primeiro diz respeito a uma coletânea de textos intitulada *Sociolinguística interacional: antropologia, linguística e sociologia em análise do discurso* (Ribeiro e Garcez, 1998), a qual apresenta fundamentos da sociolinguística interacional para o estudo da interação social e representa importante trabalho para os estudos subsequentes voltados para a análise da conversa. Já o segundo trabalho que citamos nessa direção é a obra *Fala-em-interação social: introdução à análise da conversa etnometodológica* (Loder e Jung, 2008), que discute conceitos fundamentais para o estudo da conversa na perspectiva etnometodológica. Registramos também um trabalho de natureza aplicada, intitulado *Você está entendendo? Contribuições dos estudos de fala-em-interação para a prática do teleatendimento* (Ostermann e Oliveira, 2015).

Por fim, olhamos na terceira direção proposta, a qual comporta as investigações da análise da conversação. Muitos trabalhos podem ser citados como referências aqui; no entanto, limitamo-nos a apresentar alguns deles. O primeiro é a obra *Da fala para a escrita: atividades de retextualização* (Marcuschi, 2001), na qual o autor propõe um *continuum* tipológico para o estudo das atividades de fala e escrita. Outra produção a ser registrada é a coleção *Projetos paralelos Nurc/SP*, com catorze volumes dedicados ao estudo das características organizacionais da conversação e da descrição de aspectos da língua falada e da relação da oralidade com a escrita[11]. Além dessa coleção, registramos, na mesma linha de interesse, a obra *Nurc 50 anos: 1969-2019* (Oliveira Jr., 2019), a qual rememora as contribuições do projeto para a linguística brasileira.

Notas

[1] Ao se tratar da gênese dos estudos etnometodológicos, a obra de Garfinkel é geralmente citada como o marco inicial da perspectiva em termos de publicação. No entanto, registramos que, na seção "Acknowledgments" [Agradecimentos] da obra referida, o autor informa que alguns dos capítulos apresentados já haviam sido publicados em anos anteriores, uma vez que envolvem resultados de investigações por ele realizadas nos doze anos que antecedem a publicação de *Studies in Ethnomethodology*.

[2] O artigo encontra-se traduzido para o português sob o título "Sistemática elementar para a organização da tomada de turnos para a conversa" (2003).

[3] Alfred Schütz é austríaco, mas se estabelece nos Estados Unidos a partir de 1939, onde se dedica aos estudos da fenomenologia. Entre suas obras, destaca-se *Phenomenology of the Social World* [*Fenomenologia do mundo social*], de 1967.

[4] No passado, Mikhail Bakhtin já foi considerado o autor desta obra. No entanto, hoje, a autoria é dada a Valentin Volóchinov, como atesta a tradução publicada no Brasil por Sheila Grillo e Ekaterina Vólkova Américo (2017).

[5] Kerbrat-Orecchioni (1998: 51) afirma que "A partir do início dos anos oitenta, vemos, com efeito, multiplicarem-se os colóquios, trabalhos e periódicos incluindo em seus títulos as palavras 'interação', 'diálogo', 'conversação', 'comunicação'".

[6] Para Heritage e Atkinson (1984: 1), "O objetivo central da pesquisa da conversação é a descrição e explicação das competências que os falantes comuns usam e nas quais confiam para participar de interações inteligíveis e socialmente organizadas. Basicamente este objetivo é descrever os procedimentos pelos quais os falantes produzem o seu próprio comportamento e compreendem e lidam com o comportamento dos outros".

[7] Em relação a esse tema, destacamos as publicações de Garcez e Melo (2007) e Frank et al. (2022).

[8] Acerca da relação entre os estudos da análise da conversação e da linguística textual no Brasil, dois trabalhos merecem destaque: o artigo de Marcuschi (1994), *Gt de Linguística de Texto e Análise da Conversação,* e a obra *Linguística do texto e análise da conversação. Panoramas das pesquisas no Brasil,* organizado por Bentes e Leite (2010).

[9] No âmbito do Projeto Nurc, muitas obras foram publicadas. Destaca-se a publicação, em 2019, da obra *Nurc 50 anos* (cf. Oliveira Jr., 2019).

[10] O número da revista apresenta trabalhos de importantes pesquisadores da conversação e pode ser acessado em https://www.revistas.usp.br/flp/issue/view/8352.

[11] Os títulos da coleção podem ser acessados no endereço https://nurc.fflch.usp.br/publicacoes_fase2.

Referências

AUSTIN, J. L. *How to do things with words*. New York: Oxford University Press, 1965.

BARROS, D. L. P. Procedimentos de reformulação: a correção. In: PRETI, D. (org.). *Análise de textos orais*. São Paulo: FFLCH/USP, 1993.

BARROS, K. S. M. Tratamento da oralidade em sala de aula: contribuições para o ensino de língua. *Filologia e linguística portuguesa*. v. 17, n. 1, 2015, pp. 75-99.

BENTES, A. C.; LEITE, M. Q. *Linguística do texto e análise da conversação*. Panorama das pesquisas no Brasil. São Paulo: Cortez, 2010.

CASTILHO, A. T. O português culto falado no Brasil: história do projeto Nurc/BR. In: PRETI, D.; URBANO, H. (org.). *A linguagem falada culta na cidade de São Paulo*. São Paulo: T. A. Queiroz, Fapesp, 1990.

CASTILHO, A. T. Gramática do português brasileiro: fundamentos, perspectivas. *Cadernos de Linguística*, v. 1, 2021, p. e252.

COULON, A. *L'Ethnométhodologie*. Paris: Presses Universitaires de France, 1987.

44 A linguística hoje

COULON, A. *Etnometodologia*. Petrópolis: Vozes, 1995.

DIEDRICH, M. S.; RIGO, K. A. A língua mobilizada na interação: princípios metodológicos para um trabalho de investigação. *Desenredo*, Passo Fundo, UPF, v. 13, n. 3, 2017.

FÁVERO, L. L.; ANDRADE, M. L. C. V. O.; AQUINO, Z. G. O. Correção. In: JUBRAN, C. C. A. S. (org.). *A construção do texto falado*. Campinas: Editora Unicamp, 2006, v. 1.

FRANK, I. et al. Relações epistêmicas e construção conjunta de conhecimento na fala-em-interação de sala de aula. *Revista Brasileira de Linguística Aplicada*. v. 22, 2022.

GARFINKEL, H. *Studies in ethnomethodology*. Englewood Cliffs, N. J.: Prentice-Hall, 1967.

GARFINKEL, H. *Estudos de etnometodologia*. Petrópolis: Vozes, 2018.

GARCEZ, P. M. A perspectiva da análise da conversa etnometodológica sobre o uso da linguagem em interação social. In: LODER, L. L.; JUNG, N. M. (orgs.). *Fala-em-interação social*: introdução à análise da conversa etnometodológica. Campinas: Mercado de Letras, 2008.

GARCEZ, P. M. Organização da fala-em-interação: o dispositivo para o gerenciamento de fala sobreposta na conversa cotidiana em dados de português brasileiro. *Revista de Estudos da Linguagem*. Belo Horizonte, v. 23, n. 1, 2015, pp. 159-194.

GARCEZ, P. M.; MELO, P. S. Construindo o melhor momento para tomar o turno na fala-em-interação de sala de aula na escola pública cidadã de Porto Alegre. *Polifonia*. Cuiabá, UFMT, v. 13, 2007.

GOFFMAN, E. *Ritual de interação*: ensaios sobre o comportamento face a face. Trad. Fábio Ribeiro Rodrigues da Silva. 2. ed. Petrópolis: Vozes, 2012.

GRICE, H. P. Logic and conversation. In: COLE, P. J. L. (orgs.). *Syntax and semantics*. v. 3: Speech Acts. New York: Academic Press, 1975.

GÜLICH, E. Pour une etnométhodologie linguistique. Description de sequences conversationnelles explicatives. In: DAUSENDSCHÖN-GAY, U.; GÜLICH, E.; KRAFFT, U. (orgs.). *Linguistische Interaktionsanalysen*. Beiträge zum 20. Romanistentag Freiburg 1987. Tübigen: Niemeyer, 1991.

HERITAGE, J.; ATKINSON, M. Introduction. In: ATKINSON, J. M.; HERITAGE, J. *Structures of social action*. Cambridge: CUP, 1984.

HILGERT, J. G. Procedimentos de reformulação: a paráfrase. In: PRETI, D. (org.). *Análise de textos orais*. 4. ed. São Paulo: FFLCH/USP, 1993, v. 1.

HILGERT, J. G. A construção do texto "falado" por escrito: a conversação na internet. In: PRETI, D. (org.) *Fala e escrita em questão*. São Paulo: Humanitas, 2000.

HILGERT, J. G. A oralidade nas redes sociais: conceitos e características à luz da enunciação. *Calidoscópio*. São Leopoldo, Unisinos, v. 19, n. 3, 2021, pp. 422–430.

HILGERT, J. I. G.; ANDRADE, D. C. L. A negociação dos mal-entendidos em interações no Twitter. *Desenredo*. Passo Fundo, UPF, v. 16, 2020.

JUNG, N. M.; PETERMANN, R. Coconstrução de comunidade de prática de aprendizagem na fala-em-interação de sala de aula: troca de saberes e oportunidades de aprendizagem. In: SILVA, R. C. M.; MORAES, D. R. S. (orgs.) *Interdisciplinaridade e saberes*: interlocuções entre fronteiras. Cascavel/PR: EDUNIOESTE, 2016, v. 1.

KERBRAT-ORECCHIONI, C. Nouvelle communication' et 'analyse conversationnelle. *Langue française*, n. 70, 1986.

KERBRAT-ORECCHIONI, C. *La Conversation*. Paris: Seuil, 1996.

KERBRAT-ORECCHIONI, C. La Notion d'interaction en linguistique: origine, apports, bilan. *Langue française*, n. 117, 1998.

KERBRAT-ORECCHIONI, C. *Análise da conversação*. Princípios e métodos. São Paulo: Parábola, 2006.

KERBRAT-ORECCHIONI, C. L'Analyse du discours en interaction: quelques principes methodologiques. *Limbaje si comunicare*, 2007, IX.

LABOV, W. Some principles of linguistic methodology. *Language in Society*, v. 1, n. 1, 1972.

LEITE, M. Q. et al. A análise da conversação no Grupo de Trabalho Linguística do Texto e Análise da Conversação da Associação Nacional de Pós-Graduação em Letras e Linguística. In: BENTES, A. C.; LEITE, M. Q. (orgs.) *Linguística do texto e análise da conversação*. Panorama das pesquisas no Brasil. São Paulo: Cortez, 2010.

LODER, L. L.; JUNG, N. M. (orgs.). *Fala-em-interação social*: introdução à análise da conversa etnometodológica. Campinas: Mercado de Letras, 2008.

LOPE-BLANCH, J. M. *Proyecto de estudio del habla culta de las principales ciudades de Hispanoamérica*. In: El Simposio de Bloomington. Bogotá: Instituto Caro y Cuervo, 1964/1967.

MARCUSCHI, L. A. GT de linguística de texto e análise da conversação. *Revista da ANPOLL*, São Paulo, v. 1, 1994.

MARCUSCHI, L. A. A repetição na língua falada como estratégia de formulação textual. In: KOCH, I. V. (org.) *Gramática do português falado*. v. VI: Desenvolvimentos. Campinas: Editora da Unicamp/ Fapesp, 1997.

MARCUSCHI, L. A. *Análise da conversação*. São Paulo: Ática, 1997.

MARCUSCHI, L. A. A língua falada e o ensino de português. In: BASTOS, N. B. (org.) *Língua portuguesa*. História, perspectiva, ensino. São Paulo: EDUC-PUC/SP, 1998.

MARCUSCHI, L. A. *Análise da conversação*. 5. ed. São Paulo: Ática, 2000.

MONDADA, L. *Contributions de la linguistique interactionnelle*. Congrès Mondial de Linguistique Française, 2008.

OLIVEIRA JR., M. (org.). *Nurc 50 anos*: 1969-2019. São Paulo: Parábola, 2019.

OSTERMANN, A. C. Women's (limited) agency over their sexual bodies: contesting contraceptive recommendations in Brazil. *Social Science & Medicine*, v. 21, 2021.

OSTERMANN, A. C.; MENEGHEL, S. (orgs.). *Humanização. Gênero. Poder*: contribuições dos estudos de fala-em-interação para a atenção à saúde. Rio de Janeiro e Campinas: Editora Fiocruz e Mercado de Letras, 2012, v. 1.

OSTERMANN, A. C.; OLIVEIRA, M. C. L. *Você está entendendo?* Contribuições dos estudos de fala-em-interação para a prática do teleatendimento. Campinas: Mercado de Letras, 2015.

PRETI, D. Análise da 'conversação literária' num texto de Graciliano Ramos. *Revista da Anpoll*, n. 12, 2002.

RATH, R. *Kommunikationspraxis*. Göttingen: Vandehoeck & Ruprecht, 1979.

RIBEIRO, B.; GARCEZ, P. M. (orgs.) *Sociolinguística interacional*: antropologia, linguística e sociologia em análise do discurso. Porto Alegre: AGE, 1998.

SACKS, H. *Lectures on conversation*. Cambridge: Blackwell, 1992.

SACKS, H. Sistemática elementar para a organização da tomada de turnos para a conversa. *Veredas*, v. 7, n. 1-2, 2003.

SACKS, H.; SCHEGLOFF, E. A.; JEFFERSON, G. A simplest systematics for the organization of turn-taking for conversation. *Language*, v. 50, 1974.

SCHUTZ, A. *Phenomenology of the social world*. Northwestern University Press, 1967.

SEARLE, J. R. *Expression and meaning*. Cambridge: CUP, 1979.

SILVA, L. A. Conversação: modelos de análise. *A língua que falamos*. Português: história, variação e discurso. São Paulo: Globo, 2005.

VOLÓCHINOV, V. *Marxismo e filosofia da linguagem*: problemas fundamentais do método sociológico na ciência da linguagem. Trad. Sheila Grillo e Ekaterina Volkova Américo. São Paulo: Editora 34, 2017.

Linguística descritiva

Mário A. Perini

O QUE É A LINGUÍSTICA DESCRITIVA?

Linguística descritiva não é uma teoria nem um conjunto de afirmações sobre a estrutura da língua; trata-se de uma atitude diante dos dados, que pode ser definida assim:

> *toda e qualquer afirmação teórica ou generalizante sobre a língua precisa ser fundamentada na observação, descrição e sistematização dos dados.*

Na verdade, nenhum linguista negaria essa posição; o problema é que isso se faz às vezes só em intenção. Há uma tendência a adotar teorias inspiradas em um exame superficial e pouco extenso de dados, mas que acabam se tornando a linha diretora da pesquisa, levando à seleção de dados que a confirmem ou a refutem.

A linguística descritiva exclui afirmações prescritivas: toda a ênfase fica naquilo que a língua é, não no que deveria ser. Por conseguinte, não comporta recomendações como a de que o futuro do subjuntivo de *ver* "deve ser" *se eu vir*; em vez disso, observa-se que as pessoas dizem *se eu ver*, e é essa forma que se considera parte da língua falada atual.

No entanto, o maior perigo não é propriamente o prescritivismo, mas o que se poderia chamar de *miragem teórica* – ou seja, a ideia de que se deve partir de uma teoria da linguagem para procurar dados que a corroborem. O linguista descritivo procura (com limitações, como veremos) partir dos fatos da língua para traçar um retrato deles, tais como podem ser diretamente observados. Por isso, a pesquisa em geral envolve uma quantidade grande de dados, colhidos em *corpus*, em testagens e criados com base na intuição do falante.

Por outro lado, a teoria não fica excluída – continua sendo um dos objetivos principais da atividade do linguista; só não pode ser ponto de partida. A cada momento do trabalho é preciso ter em mente que estamos tentando descrever, em vários graus de generalidade, um fenômeno de grande complexidade, em grande parte inexplorado; não ajuda muito fazer de conta de que já dispomos de uma teoria que fixa os traços gerais desse fenômeno. A linguística descritiva assume a tarefa de coletar, identificar e sistematizar os dados da maneira mais exaustiva possível, a fim de poder submeter a exame crítico as teorias existentes ou em elaboração. O resultado é um trabalho em duas frentes, coletando e sistematizando dados e elaborando hipóteses parciais. O que os linguistas descritivos fazem em especial é enfatizar a necessidade do controle dessas hipóteses a cada passo. Para isso, é necessário evitar afirmações teóricas *a priori* – o linguista descritivo não parte de uma hipótese para estudar os dados; em vez disso, parte dos dados para fundamentar eventuais hipóteses que os expliquem. Se há um posicionamento que caracterize a linguística descritiva atual é o de que os fatos da língua ainda não são suficientemente conhecidos; a tarefa mais urgente é coletá-los e analisá-los preliminarmente, de modo a construir uma base de dados confiável para eventuais elaborações teóricas. E selecionar dados em função de ideias teóricas, embora às vezes inevitável, é perigoso; o esforço deve ser no sentido de eventualmente dar conta de todos os dados disponíveis.

O QUE A LINGUÍSTICA DESCRITIVA ESTUDA?

Todos os aspectos da língua precisam ser estudados descritivamente; assim, o objeto da linguística descritiva são os mecanismos fonológicos, morfológicos, sintáticos e simbólicos que em seu conjunto estabelecem a relação entre sequências fonéticas, visuais ou táteis e o significado (representações cognitivas). Esse é, claro, o objeto de todo tipo de pesquisa linguística, mas os linguistas descritivos insistem que nenhuma afirmação lexicogramatical pode ser aceita sem fundamentação suficiente na observação dos dados.

Entendido isso, a linguística descritiva não se restringe a nenhuma área especial; como dito antes, é uma atitude, e não uma posição teórica, e, portanto, se aplica a qualquer área de estudo relativa à estrutura e ao funcionamento da língua. O que a caracteriza é uma atitude de cautela quanto a generalizações teóricas, entendendo-se que elas dependem de fundamentação nos dados, em quantidade e qualidade adequadas.

Construir uma teoria depende da acumulação de dados relevantes; mas a seleção dos dados depende, por sua vez, de considerações teóricas. Confrontado com os dados disponíveis, o linguista precisa saber o que procurar, o que afinal de contas configura um posicionamento teórico de algum tipo. Digamos que os dados incluam a frase

(1)   Nossa diretora contava com a ajuda de todos os funcionários da empresa.

Partindo da frase somente, e dispensando quaisquer considerações teóricas, há uma variedade tamanha de pontos a analisar que não se sabe por onde começar nem o que visar. Por exemplo, podemos estudar a concordância entre os constituintes *nossa* e *diretora*; ou a concordância (bem diferente) entre *nossa diretora* e *contava*; ou a presença de uma preposição, *com*, que introduz o complemento *todos os funcionários da empresa*; ou a posição de *todos*, antes do determinante *os*; ou a posição inicial do sintagma *nossa diretora*; ou a presença da preposição *de* ligando *ajuda* a *todos os funcionários da empresa*; e isso para mencionar apenas fatos sintáticos. Há ainda fatos morfológicos: temos um sufixo agentivo *-or* na palavra *diretora*, e um sufixo de tempo-aspecto *-va* em *contava*; há o sufixo *-s* em *funcionários*, que expressa plural etc. Há ainda as relações simbólicas: *nossa diretora* é o Experienciador, e *a ajuda de todos os funcionários da empresa* é o Estímulo, relações temáticas ligadas ao evento verbalizado por *contava*, que expressa um estado mental.

Os dados constituem, como se vê, uma tremenda massa de informação a ser analisada. Para construir uma descrição que faça sentido é necessário selecionar cada fenômeno, e para isso é indispensável ter uma orientação teórica de algum tipo. Isso parece um dilema insolúvel, mas há um caminho, que envolve trabalhar simultaneamente nas duas frentes. Assim, tanto a descrição proposta quanto os fatos observados devem ser vistos como soluções temporárias, em revisão constante. Cada ponto da análise é uma resposta a certas perguntas, mas também, muitas vezes, o levantamento de novas perguntas.

Essa tarefa um tanto ingrata lança mão, em muitos pontos, da contribuição da análise tradicional. A linguística não é uma ciência jovem e, embora esteja sempre em questão em todos os seus detalhes, já chegou a bom número de conclusões razoavelmente seguras. Por exemplo, voltando à frase (1), se formos discutir a classificação dos itens lexicais ali presentes, podemos lançar mão de distinções como a que existe entre verbo e substantivo; ou a noção de concordância nominal, que explica a forma de *nossa* (*diretora*), *a* (*ajuda, escola*), *os* e *todos* (*funcionários*) e contribui para distinguir os itens que concordam dos que regem a concordância; e muitas outras noções que, basicamente, são corretas e inevitáveis em qualquer análise. Ou seja, não temos que começar do zero: há toda uma tradição a ser utilizada, embora, é bom dizer, dentro de um espírito crítico, já que há muito o que reformular nas análises tradicionais.

50 A linguística hoje

Em resumo, precisamos, primariamente, lidar com dados, mas não podemos dispensar uma boa dose de teoria; é necessário submeter todos esses recursos a um exame crítico constante, porque pode haver (e como há!) inadequações na observação de dados e na proposta de teorias que encontramos tanto na gramática tradicional quanto na literatura linguística mais recente. A cada momento construímos teorias parciais: da concordância, da ordem dos adjetivos, da identificação do núcleo do SN; isso é inevitável e representa uma imagem inicial, ainda fragmentária, da estrutura da língua. O que não temos (ainda) é uma teoria geral da língua – ou, pior, temos muitas, todas questionáveis e de vida curta. A meu ver, o conhecimento do fenômeno linguístico ainda não chegou ao ponto de possibilitar teorias mais gerais; mas é claro que a construção de teorias é um dos objetivos importantes do trabalho de análise da língua.

É preciso, portanto, lidar com dados em quantidade suficiente. Mas de onde vêm os dados? Existem duas fontes principais: *corpus* e introspecção do falante nativo, que na verdade se resumem, em última análise, à introspecção, porque é o que está por trás da produção registrada no *corpus*. Este, entretanto, apresenta algumas vantagens, a principal das quais é a de nos proteger de nossas ilusões: todos conhecemos aquelas estruturas que a gente jura que nunca usaria, e que de repente aparecem no *corpus*. Por isso, é conveniente usar essas compilações, com o devido cuidado, porque variam muito em qualidade.

O uso de *corpus* tem problemas: primeiro, não pode ser completo, a menos que seja de um tamanho tal que inviabilize o trabalho de procura de exemplos. Podemos estar interessados em uma estrutura sintática e descobrir que em um *corpus* de um milhão de palavras ela simplesmente não ocorre. Nesse momento temos que recorrer à nossa intuição de falantes da língua, que nos informa, com confiabilidade aceitável, que a estrutura existe, sim, na língua. Outro problema é que o *corpus* é resultado não apenas do conhecimento da língua, mas de um conjunto de outros fatores de natureza não linguística. Assim, se encontramos em um *corpus* o enunciado

(2) o treinamento ééé o treinamento foi su/ suspenso / o treinamento vai ser suspenso por, tipo, umas duas semanas

sabemos que alguns traços não devem ser levados em conta na análise da língua, porque decorrem de fatores ligados à necessidade de planejar o enunciado ao mesmo tempo em que ele é produzido: hesitações (*ééé*), replanejamento (*foi → vai ser*), itens usados para preencher pausas (*tipo*); isso sem mencionar lapsos puros e simples, corrigidos ou não, como em

(3)   O treinamento dos candidatos teve atrasos e só *foram* acabar no fim do mês.

Ao elaborar a análise nos baseamos não no enunciado tal como ocorreu e foi registrado, mas em uma versão "limpa", que para (2) pode ser

(4)   O treinamento vai ser suspenso por umas duas semanas.

Mas com base em quê fazemos essa limpeza do texto? Certamente com base em nosso conhecimento da língua, acessível por introspecção, que nos informa que aquele *ééé* não é parte da estrutura do português, e pode ser ignorado para nossos objetivos. Ou seja, mesmo quando usamos *corpus* estamos nos apoiando na introspecção.

Usamos a introspecção mais diretamente quando produzimos frases para exemplificar nossas análises. Se precisamos da frase

(5)   O gato miou a noite toda.

não é prático sair procurando para ver se ocorre em algum *corpus*: *sabemos* que essa frase é aceitável em português, e tentar validá-la através de ocorrências é simples perda de tempo – sem falar da possibilidade de ela nem ocorrer em nenhum dos *corpora* examinados. Aceitar frases com base na introspecção é o que os linguistas fazem o tempo todo; e os que não o fazem têm razões para se arrepender, como excluir (5) com a justificativa de que "não consta do meu *corpus*", o que acarreta uma deformação da análise. O uso da introspecção, como se vê, é inevitável; basta considerar que estamos estudando um fenômeno mental, não passível de observação direta.

Mas usar a introspecção também tem seus perigos, e o principal é o de acabarmos "criando língua", fabricando exemplos que, vai ver, não são realmente aceitáveis. Aqui interfere o *corpus*, que tem as desvantagens já mencionadas, mas tem a grande vantagem de ser desinteressado – os exemplos são autênticos. Outro recurso para aumentar a confiabilidade dos julgamentos intuitivos é a testagem com outros falantes; se quarenta falantes do português aceitarem a frase (6) como bem formada,

(6)   Vi as crianças sair do ônibus. (em vez de *saírem*)

ficamos bem mais seguros de que não se trata de simples fantasia nossa.

Voltando então à nossa pergunta: de onde vêm os dados? A resposta é que vêm de um misto de observação direta (*corpus*), julgamentos introspectivos

52 A linguística hoje

e muita cautela e bom senso. Parece difícil e trabalhoso, e é. Mas é assim que podemos validar devidamente nossas análises; e todo o cuidado é necessário para que a análise se baseie em fatos reais, em vez de apenas apoiar uma teoria escolhida de antemão. A linguística descritiva coloca a coleta e a avaliação de dados em quantidade suficiente na primeira linha da pesquisa. Teorias, mesmo parciais, só são aceitáveis se estritamente baseadas nesses dados.

QUAIS SÃO AS GRANDES LINHAS DE INVESTIGAÇÃO?

Naturalmente, o trabalho se dirige à descrição da estrutura das línguas naturais. Mesmo as obras de teoria precisam tomar a descrição como ponto básico, dada a atitude indutiva que o linguista descritivo assume: dos dados para a teoria, e não vice-versa.

Dentro dessa perspectiva, não há limitações de áreas a serem estudadas, mas algumas têm sido privilegiadas nos últimos tempos e podem ser mencionadas como exemplos. Entre os estudos importantes, começo pelo trabalho de Gross (1975), que fez um levantamento completo dos verbos franceses, cada qual analisado segundo um conjunto de traços de natureza sintática e semântica. Acho que os traços foram escolhidos sem seguir certos critérios importantes, de modo que a matriz resultante (de aproximadamente 3 mil verbos analisados em termos de algumas dezenas de traços) tem extensão e complexidade excessivas. Mas o trabalho de Gross é pioneiro na área das valências, que até então só tinha sido objeto de especulações teóricas; e sua introdução ainda vale muito a pena ler, pois é cheia de *insights* brilhantes. Tendo a colocar Gross no meu panteão de heróis da linguística descritiva[1].

Mais recentemente o interesse na descrição tem se desenvolvido, resultando na elaboração de alguns trabalhos importantes, necessários como fonte de referência da pesquisa atual. Ainda na área das valências, cito a Base de datos de Verbos, Alternancias de Diátesis y Esquemas Sintáctico-Semánticos del Español (ADESSE), base de dados de valências verbais do espanhol, que é, a meu ver, o melhor trabalho do gênero atualmente disponível. Esse dicionário apresenta os verbos da língua, cada qual com as construções em que pode ocorrer, mantendo as discussões teóricas no mínimo indispensável. Para cada verbo, o ADESSE contém informações bem concretas. Por exemplo, o verbete *enseñar*, "ensinar", inclui a indicação semântica Conhecimento; as funções sintáticas e relações temáticas SUJEITO = INICIADOR (ensinante), OBJETO INDIRETO = CONHECEDOR (discente) etc., isso para cada uma das construções em que o verbo pode ocorrer; e uma lista de exemplos, em geral tirados de um *corpus* – para *enseñar*, são 139 exemplos.

O *Dicionário de valências verbais do português brasileiro* (DVVPB), atualmente em elaboração na UFMG, pretende fazer a mesma tarefa do ADESSE, com modificações, mas no mesmo espírito. O verbete *ensinar* tem a seguinte estrutura:

ENSINAR

C2 Sujeito>*Agente* **V**
  A Elza *ainda* está ensinando.

C140 Sujeito>*Agente* **V SN>**"*conteúdo*" ***a* SN>**"*recebedor*"
  A professora ensinou esse procedimento aos alunos.

Como se vê, são consignadas duas construções, no caso distintas pelo acréscimo dos complementos **SN** (o tradicional "objeto direto") e ***a* SN** (tradicionalmente "objeto indireto"), com as relações temáticas que cada uma expressa (*Agente*, "*conteúdo*" e "*recebedor*"). Esse verbete expressa, portanto, a valência de *ensinar*, que é bastante simples; outros verbos, como *ter*, *ser* e *passar*, apresentam em suas valências uma lista muito mais longa de construções.

O que é importante no DVVPB, e também no ADESSE, é a possibilidade de verificar cada afirmação, pois são bastante concretas e pouco dependentes de teorias específicas. Em uma frase como

(7)   Ensinamos uns truques ao cachorro.

é fácil verificar que o objeto indireto é 'ao cachorro', que expressa a entidade que aprende, e o objeto direto é 'uns truques', a coisa ensinada. A descrição se baseia na estrutura superficial observável, mais o significado de cada unidade – todos elementos que podem ser verificados sem dificuldade. O resultado é uma base dados que pode ser eventualmente utilizada para a elaboração e validação de teorias, respondendo a perguntas de caráter geral como "como é a valência dos verbos em português?". Com perguntas desse tipo começamos a ir além da descrição, iniciando a construção de uma teoria das valências, parte de uma teoria da língua que um dia será possível. Mas, repito, a cada passo os detalhes da teoria precisam ser fundamentados nos fatos retratados na base de dados.

Além da descrição das valências, que é um componente central da estrutura da língua, outras áreas são, ou precisam ser, objeto de pesquisas descritivas. Uma grande área da estrutura da língua que não tem recebido suficiente atenção

54 A linguística hoje

são as irregularidades – o que costumo chamar o **componente anomalístico** da língua. Não se trata apenas de anomalias morfológicas, como os verbos irregulares, que já foram suficientemente estudados e descritos em seus detalhes. Falo também de irregularidade gramatical, como construções em que só cabem uns poucos verbos. Assim, existe uma construção composta de sujeito Agente e objeto Paciente, que se realiza, por exemplo, em

(8)   O cachorro comeu a ração.

Há centenas, talvez milhares, de verbos que podem ocorrer nessa construção. Mas há também construções que só valem para poucos verbos; como a exemplificada pela frase

(9)   A nova diretoria fez da administração uma bagunça.

O sujeito é Agente (o que é regular), mas o Paciente é introduzido pela preposição *de*, e o SN final veicula uma Qualidade. Essa construção só vale para um verbo da língua, *fazer*, e constitui, portanto, uma irregularidade.

A irregularidade de *fazer* em (9) é ainda valencial. Mas há outras, ligadas, por exemplo, à classificação das palavras. A gramática tradicional define um pequeno número de classes de palavras, por volta de dez, como verbo, adjetivo, pronome, conjunção etc. Mas, assim que tentamos definir essas classes com precisão, descobrimos que o número de exceções é muito maior do que o esperado; na verdade, os casos excepcionais são tantos que se torna evidente que falta um levantamento extenso do léxico. Por exemplo, aprendemos na escola que *velho*, *alto* e *dentário* são "adjetivos". No entanto, é fácil mostrar que têm comportamentos gramaticais nitidamente diferentes: *velho* pode ocorrer como modificador em *um carro velho* e como núcleo do SN em *aquele velho*; *alto* pode ocorrer nessas duas funções (*um morro alto* e *no alto do morro*) e, além disso, pode ocorrer modificando um verbo, em *ela fala muito alto*; e *dentário* só pode ser modificador, como em *consultório dentário*. Ou seja, temos aqui três, e não dois tipos de palavras, isto é, três classes; e usar as duas designações tradicionais "adjetivo" e "substantivo" não basta para descrever o comportamento gramatical desses itens.

O que se verifica com *velho*, *alto* e *dentário* se repete com milhares de outras palavras; e o comportamento gramatical é com frequência ainda mais complexo, incluindo outras funções além das três consideradas anteriormente. A única maneira de chegar a uma visão mais realística da situação é investigando palavra por palavra, até que se chegue a um quadro completo de como se classificam as palavras quanto a suas propriedades gramaticais. Essa é uma das tarefas principais da linguística descritiva, e está em grande parte por realizar.

Uma terceira área em que falta descrição é a das expressões idiomáticas, ou seja, sequências como *pisar na bola* e *assim como*, que ou não seguem as regras gerais da sintaxe, ou, mais frequentemente, têm significado imprevisível a partir dos elementos de que são feitos. *Pisar + na + bola* não se interpreta de forma regular: os significados dessas três palavras não se somam para dar o significado da expressão, pois não se trata de pisar em nada, e não estamos falando de bola.

Aqui há muito trabalho já feito, mas não temos ainda uma lista de expressões idiomáticas que inclua todos os casos conhecidos e usados cotidianamente pelos falantes do português brasileiro, com exclusão de termos arcaicos, técnicos e regionais[2]. Temos aqui então mais uma tarefa a ser enfrentada pela linguística descritiva.

QUE ESTUDOS PODEM SER DESENVOLVIDOS COM A LINGUÍSTICA DESCRITIVA?

Mencionei apenas três áreas onde o trabalho descritivo se faz necessário, e nas quais já se estão iniciando pesquisas importantes. Há outras áreas, mas por ora vamos ficar com essas três; cada uma delas define uma linha de investigação a ser implementada nos próximos anos. Como objetivo final, procuramos uma descrição completa de pelo menos alguns aspectos da estrutura da língua; isso por ora é apenas um desiderato, mas um dia chegaremos lá.

Entre as áreas não mencionadas, gostaria de citar estudos fonéticos e fonológicos, muito em particular a descrição dos fenômenos de sândi – ou seja, as modificações fonológicas que ocorrem nos limites de palavras. Vemos o sândi em ação quando ouvimos alguém dizer *faculdadifilosofia*, onde "deveria" ser *faculdadidifilosofia*, ou *capamarela* em vez de *capaamarela*; esses fenômenos são muito recorrentes na pronúncia brasileira e ainda precisam ser estudados[3].

O trabalho descritivo não renega a teoria, mas considera-a algo a ser construído com base nos dados que representam a língua em sua imensa complexidade. O resultado será, acredito, algo bastante diferente das teorias altamente abrangentes e detalhadas que existem no mercado. O que temos, com alguma segurança, são dois tipos de asserções teóricas: (a) teorias parciais limitadas a línguas particulares, como a da concordância verbal ou da valência em português; e (b) alguns princípios de análise, que parecem suficientemente sustentados pela observação dos dados – em particular, a interação entre conhecimento da língua e conhecimento do mundo e a classificação por traços. Acrescente-se a distinção estrita entre classes e funções, definindo as primeiras em termos das segundas. Essas asserções devem ser encaradas como linhas diretoras para a análise futura: instrumentos na construção da teoria da língua, que é o que todos desejamos.

O QUE EU PODERIA LER PARA SABER MAIS?

Não existe uma bibliografia atualizada sobre a linguística descritiva em geral. Recomendo ler trabalhos de análise feitos dentro de uma perspectiva descritiva, como Perini (2002, 2016), o dicionário espanhol de valências ADESSE e o estudo das valências do inglês de Levin (1993). O que faz falta no momento não são leituras sobre a linguística descritiva, mas treinamento na observação e na sistematização de dados, com um mínimo de pressupostos teóricos.

Notas

[1] Casteleiro (1981) aplicou o sistema de Gross aos adjetivos do português; esta é outra obra importante, que vale a pena consultar.

[2] O *Dicionário de idiomatismos e expressões fixas*, de Lúcia Fulgêncio, em elaboração, deverá remediar em grande parte essa deficiência.

[3] Há estudos preliminares sobre o sândi no português brasileiro, mas ainda falta uma síntese. É interessante observar que algumas emissoras de rádio e TV tentam evitar o sândi, de modo que ouvimos locutores pronunciar sequências como *segunda-etapa*, em vez de *segundetapa*; a primeira forma, com o [ɐ] e o [e] bem distintos, soa muito artificial aos ouvidos brasileiros nativos.

Referências

ADESSE (Alternancias de diátesis y esquemas sintáctico-semánticos del español). Disponível em: http://adesse.uvigo.es. Acesso em: out. 2023.

CASTELEIRO, J. M. *Sintaxe transformacional do adjectivo*. Lisboa: Instituto Nacional de Investigação Científica, 1981.

GROSS, M. *Méthodes en syntaxe*. Paris: Hermann, 1975.

LEVIN, B. *English verb classes and alternations*: a preliminary investigation. Chicago: The University of Chicago Press, 1993.

PERINI, M. A. *Modern Portuguese grammar*. New Haven: Yale University Press, 2002.

PERINI, M. A. *Gramática descritiva do português brasileiro*. Petrópolis: Vozes, 2016.

Linguística estruturalista

Cristina Altman

O QUE É LINGUÍSTICA ESTRUTURALISTA?

Praticamente todas as teorias e análises linguísticas de hoje são *estruturais*, mas nem todas são *estruturalistas*.

As análises estruturais, incluindo as análises estruturalistas, partem do pressuposto de que as línguas do mundo contêm uma estrutura, cujos componentes estão sincronicamente relacionados. Isso quer dizer que as unidades desta estrutura coexistem em um determinado intervalo de tempo no contínuo da evolução de uma língua. Dependendo do quadro de trabalho que o linguista adotar, as tarefas de análise e descrição das unidades linguísticas e suas relações estruturais vão variar quanto a seus pressupostos teóricos e metodológicos, quanto à metalinguagem de descrição e quanto ao entendimento do que é uma explicação científica em linguística.

Uma análise estruturalista também é uma análise estrutural. E o que a caracteriza face às outras análises estruturais possíveis são, precisamente, seus pressupostos teóricos e metodológicos, sua metalinguagem e seu conceito de descrição e explicação científica. A linguística estruturalista entende que o objeto da linguística é a estrutura exclusiva que cada língua possui e que descrever suas unidades e relações é a principal tarefa do linguista. Isso quer dizer que, para um linguista estruturalista, a explicação de uma forma linguística não está na sua evolução histórica, como na linguística histórico-comparativa, tampouco nas suas propriedades preditivas, como na linguística gerativa, por exemplo. Em uma análise estruturalista, descrever com coerência, exaustividade e simplicidade uma estrutura linguística já é explicá-la.

O presente capítulo visa, pois, a caracterizar a linguística estruturalista do ponto de vista do seu objeto, métodos, objetivos e tarefas. Mencionaremos,

58 A linguística hoje

ainda, como pano de fundo, as contribuições da linguística estruturalista para as ciências humanas, que buscavam estabelecer seu domínio próprio de ensino e pesquisa no início do século XX. Não por acaso, em meados do século passado, da linguística à psicanálise, passando pela antropologia, sociologia, psicologia e literaturas, éramos todos estruturalistas. Afinal, como Joaquim Mattoso Camara Jr. (1904-1970) ponderou, em um texto fundador do estruturalismo no Brasil: "O estruturalismo não é uma teoria nem um método; é um ponto de vista epistemológico" (Camara Jr., 1973: 5).

O QUE A LINGUÍSTICA ESTRUTURALISTA ESTUDA?

Os linguistas de hoje reconhecem em Ferdinand de Saussure (1857-1913) o fundador da linguística moderna e o propositor dos princípios gerais que nortearam a emergência e o desenvolvimento do estruturalismo linguístico: a linguagem humana é heterogênea; a *parole* (= a fala) é sua manifestação concreta e, em si, não é ela o objeto da linguística. Seu objeto é a *langue*, um *sistema* abstrato de formas e funções. Este sistema – que corresponde ao que estamos chamando de estrutura – resulta de um trabalho de depuração do linguista sobre a fala, isto é, ele deve excluir dela tudo o que for variável, acidental, individual, e deve reter para sua análise o que for constante, invariável, coletivo. Esse núcleo invariante, introjetado no cérebro de todos os falantes de uma língua natural é a *langue*, ou o sistema, ou a estrutura que uma língua contém.

Quem introduziu o termo "linguística estrutural" na linguística foi Roman Jakobson (1896-1982), em Praga, por volta de 1928, no I Congresso Internacional de Linguística (Haia, 1928). Saussure, no *Curso de linguística geral* de 1916, não utilizou o termo estrutura, mas, sim, *sistema*, termos que consideramos equivalentes neste contexto.

Mas o que implica analisar uma língua no quadro estruturalista de trabalho?

A primeira coisa a observar é que uma língua comporta muito mais fenômenos além da estrutura que a constitui. As expressões orais e escritas dos usuários de uma língua, ponto de partida da observação do linguista, manifestam essa rede estrutural e, como que superpostos a ela, apontam para vários outros fenômenos não estruturais, como, por exemplo, a região geográfica dos interlocutores, sua idade, profissão, gênero, nível de escolaridade, o momento histórico, e assim por diante. A linguística, hoje, oferece teorias e modelos de análise que dão conta de todos esses fenômenos, mas nenhum deles prescinde de uma análise estrutural.

Imagine-se um jogo de xadrez. Uma torre preta, por exemplo. Ela faz parte do conjunto das peças do jogo e não se confunde com um cavalo, com um bispo, ou com um peão. Por quê?

Alguns linguistas responderão "porque *funciona* diferente deles", isto é, a torre é um auxiliar importantíssimo dos peões na defesa do rei; ela designa, metaforicamente, a fortaleza que protege a nobreza, a igreja, e os que as servem. Para funcionar como torre, a peça tem que ocupar um lugar estratégico no tabuleiro, a casa dos cantos, e só se deslocar em linha reta, horizontal e verticalmente.

Outros linguistas responderão que, para distinguir bispos, cavalos e peões das torres, o que importa é exclusivamente a relação que uma peça estabelece com outra ao longo de uma partida. O significado metafórico das peças não é relevante para estabelecer as regras do jogo.

Há, pois, diferenças entre os linguistas quanto ao entendimento das suas tarefas e quanto aos procedimentos adequados a uma análise estrutural, científica. Em um caso, o sentido das unidades é crucial para estabelecer sua função no sistema de que faz parte; para outros, o crucial é definir, internamente, o tipo de relação que uma peça mantém com a outra, sem nenhum recurso ao sentido ou à intuição linguística.

Antes de prosseguirmos, cabe enfatizar dois pontos que vimos até aqui, através de duas observações.

A primeira é que o termo *regra*, no contexto das análises estruturalistas, quer dizer *regularidade*, isto é, não se trata de regras normativas, como na tradição linguístico-pedagógica, tampouco de regras interiorizadas, preditivas, como nas gramáticas gerativas. Em uma análise estruturalista, o linguista assume que uma língua, tanto na sua estrutura quanto no seu uso, é uma rede de regularidades, sem as quais não seria possível aprendê-la nem usá-la (Parret, 1988: 34).

A segunda observação é de natureza metodológica. Nem todos os linguistas concordam que o objeto último de uma análise linguística esteja na rede estrutural das formas que exercem *funções* em uma partida, ou melhor, em um enunciado, um texto ou um discurso. Alguns defendem que uma análise linguística cientificamente adequada tem de se ater exclusivamente às relações e inter-relações no interior de um sistema abstrato de *formas*. Na prática, isso significa que o linguista tem de descrever e explicar as formas do sistema que estuda unicamente pelas suas relações com outras formas. Essas diferenças dividiram e continuam dividindo os linguistas em todos os níveis de análise: fonológico, morfológico, sintático e semântico. Sobretudo entre aqueles voltados para a elaboração de uma teoria gramatical, há divergências entre análises *funcionalistas* e *formalistas*.

60　A linguística hoje

A título de ilustração, imagine-se que estamos diante de dois falantes do português. Um deles, carioca, pronuncia em determinado contexto a palavra "porta" da seguinte maneira: [p ɔ h t ɐ], ralando o 'r' na garganta. Seu interlocutor, do interior paulista, pronuncia, no mesmo contexto, [p ɔ ɾ t ɐ], com o 'r' retroflexo.

Em uma análise (estruturalista) *funcionalista*, os dois sons sob análise, [h] e [ɾ], não distinguem signos no nível morfológico. Isto é, a palavra "porta" pronunciada à carioca ou à paulista, continua tendo como referência uma porta. Trata-se, pois, de uma variação da fala que, como muitas outras, não é estruturalmente pertinente. Pelo mesmo raciocínio, a diferença entre os sons [t] e [k] é considerada pertinente pelo linguista. A prova é que distinguem signos: todos concordamos que [p ɔ h t ɐ] e [p ɔ h k ɐ] são signos diferentes, ou seja, /t/ e /k/ são fonemas do subsistema fonológico do português, e não variantes geográficas do mesmo fonema.

Em uma análise (estruturalista) *formalista*, o linguista poderá chegar à mesma conclusão, mas por outros caminhos. Para concluir se dois sons diferentes, do ponto de vista da sua percepção auditiva, são duas unidades de um subsistema fonológico ou duas variantes acidentais da fala, o linguista deve observar o conjunto de todos os contextos em que cada som ocorre. Para isso, ele precisa reunir um número enorme de ocorrências, isto é, um *corpus* suficientemente representativo das ocorrências de cada som, para verificar se existe pelo menos um contexto em que um som ocorre e outro não. Se ele achar essa diferença, estará diante de duas unidades do subsistema fonológico da língua, dois fonemas, como /t/ e /k/; se ele não achar um contexto de ocorrência exclusivo, ele concluirá que os sons, como [h] e [ɾ], por exemplo, são variantes livres de um mesmo fonema.

Para os primeiros, os funcionalistas, o termo *função* significa "servir para", isto é, as unidades linguísticas têm uma finalidade no (sub)sistema de que fazem parte. Os fonemas, por exemplo, servem para distinguir signos. Para os formalistas, *função* significa puramente "relação". A significação de um signo, para Hjelmslev, por exemplo, e para a semiótica que nele se inspirou, é a relação entre um significante e um significado. A função semiótica, ou significação, é puramente uma relação de dependência: um significante só é significante de um significado; um significado só é significado de um significante; e o signo só é, isto é, só existe, na relação que os une. Voltaremos a esses exemplos na seção seguinte.

QUAIS SÃO AS GRANDES LINHAS DE INVESTIGAÇÃO?

A linguística moderna, tal como a entendemos hoje, herdou do século XIX um conjunto fenomenal de dados de todas as línguas indoeuropeias, muito mais do que um método. A formulação de uma linguística geral que definisse inequivocamente seu objeto, método e objetivos se tornou um dos problemas centrais da primeira geração de linguistas do século XX que almejavam reunir, em um só corpo teórico e metodológico, as análises linguísticas produzidas até então. A expectativa era estabelecer, assim, o lugar exclusivo da linguística entre as demais ciências.

Para isso, assim que a Europa começou a se reerguer após a Primeira Guerra Mundial (1941-1918), os linguistas se organizaram em torno dos chamados Círculos Linguísticos – em Genebra, Praga, Copenhagen, Paris, Nova York –, que exerceram um papel fundamental no desenvolvimento da linguística estruturalista e na sua incorporação por outras disciplinas, notadamente a antropologia e a sociologia. Em retrospectiva, é ao redor de Roman Jakobson (1896-1982), nos Círculos Linguísticos de Praga e Copenhagen, na Europa nos anos 1930 e ao longo da Segunda Guerra, nos anos 1940, nos Estados Unidos, no Círculo Linguístico de Nova York, que se concentraram os estruturalistas europeus: na ordem mencionada, Nicolaj Trubetzkoy (1890-1938), Louis Hjelmslev (1899-1965), Claude Lévi-Strauss (1908-2009), André Martinet (1908-1999) e Joaquim Mattoso Câmara Jr., então contratado pelo Setor de Antropologia do Museu Nacional (RJ).

Os linguistas descritivistas e os antropólogos ligados à antropologia de Franz Boas (1850-1942), como Edward Sapir (1884-1939), por exemplo, gravitavam em torno da Linguistic Society of America, criada por Leonard Bloomfield (1887-1949), em 1924.

Paris, depois da Segunda Guerra, resgatou Saussure e realizou sua proposta de colocar a linguística como o ramo principal da ciência dos signos, a semiologia, através de Roland Barthes (1915-1980) e, em seguida, ao final dos anos 1950, a semiótica de Algirdas Julien Greimas (1917-1992), seu grande líder intelectual.

Embora estruturalistas todos, as diferenças entre esses respeitáveis intelectuais era, entretanto, bem mais do que apenas o sotaque. As linhas de investigação que propuseram se desenvolveram de forma independente, e o intuito inicial de unificar a linguística em torno de um só projeto nunca se cumpriu.

Falemos inicialmente sobre o funcionalismo europeu. Vimos que, para a pergunta sobre o que a linguística estruturalista estuda, temos dois grandes

62 A linguística hoje

tipos de respostas: a *funcionalista*, que entende que uma estrutura linguística se compõe de formas e funções que, a um tempo, moldam e refletem o mundo; e a *formalista*, que entende que uma estrutura linguística se explica pelas suas relações internas, nos limites das combinatórias em que ocorrem.

Voltemos ao jogo de xadrez.

Se perdermos uma peça qualquer durante uma partida, a mesma torre, por exemplo, poderemos continuar a jogar sem problema. Qualquer borrachinha, qualquer tampinha de cerveja, qualquer elemento que colocarmos na casa do canto do tabuleiro vai *valer* como uma torre e vai *funcionar* como uma torre. O que determina a pertinência de um elemento a uma estrutura qualquer não é a sua materialidade, cor ou forma; a torre pode ser de madeira, de mármore, de qualquer coisa. O que determina sua pertinência no jogo é o seu *valor* no tabuleiro. E esse valor só pode ser determinado se levarmos em consideração a relação opositiva, ou de contraste, que os elementos que compõem uma estrutura mantêm e qual função exercem.

Considere, por exemplo, os seguintes dados do português:

(1) *Você viu se **a** menina de cabelo cacheado já chegou*?

(2) *Não, não **a** vi, não*. [Em um registro formal]

(3) *Não, não vi **ela** não*. [Em um registro informal]

Ora, vejam que o *a* da sentença (1) se relaciona com um substantivo, ou melhor, precede-o, esta é a regra do jogo. Ele faz parte do conjunto de palavras que determinam de que menina eu estou falando. Seu *valor* nesse jogo é o de um artigo, que funciona como determinante do substantivo que ocorre à sua direita na sentença, e mais, ele indica que os interlocutores envolvidos neste diálogo sabem de que menina se está falando.

Tanto é assim que, se alterarmos o substantivo que este artigo precede para *meninas*, ou *menino*, por exemplo, ele terá que acompanhar essa alteração, como nas sentenças (4) e (5).

(4) Você viu se **as** menin**as** chegaram?

(5) Você viu se **o** menin**o** chegou?

A conclusão é que, em português, *o*, *a*, *os*, *as* estão à nossa disposição no sistema para *funcionar* como determinantes do substantivo com o qual estabelecem, na sentença, uma relação de concordância e, também, como marcador de referência em um texto ou diálogo. O sistema do português, portanto, oferece para seus falantes um conjunto de signos que, potencialmente, *in absentiae*, podem assumir a mesma função quando são realizados em uma sentença, ou seja, são valores em *relação paradigmática*. Diz-se, neste caso, que a relação entre eles é de *oposição*. Agora, uma vez realizados em uma sentença, eles devem se comportar conforme as regras do jogo em uma partida, isto é, conforme as regras combinatórias, *in praesentia*, ou as *regras sintagmáticas*, também previstas pela língua. Dizemos, neste caso, que a relação entre eles é de *contraste*.

Assim, na sentença (6) abaixo:

(6)   *Você viu *a o* menina?

O falante quebrou uma *regra da estrutura da língua*, e não uma regra da gramática normativa. Mas, na sentença (7) abaixo:

(7)   As menina chegô tudo atrasado.

O falante quebrou uma regra da gramática normativa, que regulamenta como as marcas de concordância devem ocorrer na sentença. No exemplo, o falante não observou o uso regulamentado como norma de prestígio. Ele usou as marcas de plural apenas no primeiro elemento do sintagma nominal da sentença. Em todos os outros constituintes, por serem redundantes, as marcas de número e de gênero ficaram subentendidas; elas existem, apenas não se realizam.

O mesmo raciocínio se aplica às ocorrências de *a* e de *ela* nas sentenças (2) e (3). Se olharmos para as relações que esses pronomes mantêm com outros elementos dos constituintes da sentença, veremos que seu valor é diferente do *valor* do *a* da sentença (1). Mesmo que a materialidade dos dois *as* seja coincidente, eles exercem funções completamente diferentes: o *a* da sentença (1) determina o substantivo; o *a* da sentença (2), como sabemos, substitui o sintagma nominal [a menina de cabelo cacheado]. Para todos os efeitos, se o *a* nesta ocorrência está no lugar de um sintagma nominal, é assim que ele vai se comportar e vai funcionar como um sintagma nominal, neste caso, objeto direto. Isso também vale para o *ela* em um registro informal. Os termos estão em relação *opositiva* no sistema do português: ou o falante usa *a*, ou usa *ela*.

Vejam que pensar uma língua em termos estruturais nuança bastante a noção de erro: o linguista se coloca na posição de observador das ocorrências da fala, ou de um texto, e tenta extrair daí as regularidades da *langue*, isto é, do seu sistema. Uma variação qualquer que este linguista observar será uma *irregularidade* fora do sistema, um resíduo, um dado da *parole*.

Claro que uma abordagem deste tipo não contempla os vários tipos de variação que observamos em nosso cotidiano de falantes: variações temporais, contextuais, individuais. Mas este não é o objetivo central de uma descrição estruturalista funcionalista. A linguística estruturalista visa a estabelecer os componentes de um sistema, assim como a rede de relações paradigmáticas e sintagmáticas de cada um dos seus subsistemas (fonológico, morfológico, sintático e semântico) e suas funções, abstraindo dela os resíduos da fala.

Os procedimentos de análise descritos até aqui nos parecem óbvios, hoje, principalmente se levarmos em conta a intuição que temos sobre a língua em análise, no caso o português, ou, mais tecnicamente, sobre o sistema e os subsistemas do português. Mas como proceder no caso de uma língua sobre a qual não temos a menor intuição? Da qual não conhecemos o sentido e, muito menos, as regras para suas palavras formarem sentenças, textos, discursos?

O chamado descritivismo americano, ou distribucionalismo, tal como se desenvolveu nos Estados Unidos entre, aproximadamente, 1920 e 1960, promoveu uma metodologia de descrição tão rigorosa que um linguista, mesmo sem ter qualquer intuição sobre a língua a ser descrita, ou mesmo sem saber o sentido das suas palavras, conseguia chegar, com sucesso, às unidades estruturais desta língua e às suas regras. Isso era fundamental naquele momento da história norte-americana, cujos povos originários careciam de políticas que atendessem às suas reivindicações. Conhecer a língua dessa população era um primeiro passo na direção da sua integração. Não por acaso, pois, o estruturalismo americano, ou o distribucionalismo, nos Estados Unidos, se desenvolveu junto aos departamentos de antropologia. Claro que tal objetivo é discutível hoje sob vários aspectos – até que ponto as especificidades linguísticas e culturais desses povos teriam sido respeitadas? Essa é uma discussão que acompanha as análises distribucionalistas americanas desde sempre.

O fato é que, do ponto de vista de uma disciplina linguística autônoma – ou seja, de uma linguística que deve se abstrair de questões filológicas, psicológicas, ou históricas no tratamento das línguas –, para ser científica, a descrição de uma estrutura linguística deve levar em conta apenas as formas observáveis e suas *relações distribucionais*, isto é, o lugar que determinada forma ocupa no seu contexto de ocorrência e suas implicações.

Vejamos mais um exemplo.

Imagine-se uma língua da qual o linguista não tenha a menor intuição, o papago, uma língua americana da família uto-asteca (Langacker, 1972: 12). Observando os falantes do papago, o linguista constrói um *corpus* da língua que contém ocorrências de dois sons diferentes do ponto de vista da sua percepção, mas que, do ponto de vista da sua articulação, são bastante próximos: [t] e [ts], por exemplo. Como sua tarefa é identificar os elementos que constituem a estrutura desta língua e sua distribuição, a primeira pergunta que este linguista se faz é: será que estes sons fazem parte da estrutura desta língua? Ou será que são apenas variantes individuais que ocorrem na fala?

Para responder essa questão, o linguista formula um pequeno *corpus* dos sons que ele problematizou, para examinar melhor seus contextos de ocorrência. Observem as palavras do papago que ele registrou:

tsiposid	Tsuk
tsikpan	Tohono
takui	Tsuawi
toha	Tatk
tsiwagi	tsia

Claro que, como nós, independentemente do que essas palavras signifiquem, o linguista percebe imediatamente que os sons [t] e [ts] ocorrem em contextos diferentes: [ts] ocorre somente diante de vogais altas, [i] e [u]; e [t] ocorre em todos os outros contextos, exceto diante de [i] e [u]. Diz-se, nesse caso, que os dois sons estão em distribuição complementar. E isso acontece regularmente em papago.

Observe abaixo a regra que o linguista distribucionalista montou:

/t / → [ts] – vogal alta: i, u
      [t] – nos demais contextos

Lê-se que o papago possui um fonema /t/, que se realiza na fala através de dois fones: [ts] diante de vogais altas e [t] nos demais contextos.

Neste caso, a hipótese mais forte é que esses dois sons do papago são uma variante contextual, não são unidades estruturais. Diz-se que a oposição entre eles é apenas fonética, e não *fonêmica*, para usar a terminologia dos estruturalistas americanos. Os mesmos procedimentos de observação da fala – formulação de um problema, construção de *corpora* de ocorrências, formulação de hipóteses e proposição de uma regra – são utilizados nos outros níveis de análise da estrutura da língua: morfemas, sintagmas, sentenças. Muitos linguistas contemporâneos se valem desse tipo de análise e de descrição, sobretudo no caso de línguas ágrafas ou em extinção, para documentá-las.

Observe que, para realizar sua análise, o linguista não recorreu à sua intuição linguística nem à intuição de qualquer falante, tampouco procurou saber o sentido de cada palavra-ocorrência. Ele partiu da cadeia de sons da fala e, sobre ela, efetuou uma análise rigidamente formal e distribucional. Nada impede, evidentemente, que, *a posteriori*, ele consulte um falante de modo a testar suas hipóteses. Mas, no momento da sua análise, o conhecimento intuitivo que os falantes têm da sua língua, ou o seu sentido, não são levados em consideração, sob pena de comprometer a cientificidade do seu resultado.

QUE ESTUDOS PODEM SER DESENVOLVIDOS COM A LINGUÍSTICA ESTRUTURALISTA?

Em todas as ciências, de tempos em tempos, há um conjunto de hipóteses e de procedimentos de resolução de problemas, que são compartilhados pela maioria dos seus praticantes. As discussões, proposições, ensaios e erros no dia a dia das pesquisas, das publicações, dos congressos alteram inevitavelmente as hipóteses que impulsionam os cientistas em determinada direção e os conduzem a novos experimentos e análises, que podem reformular, reiterar ou até descartar resultados anteriores. A linguística estruturalista não é exceção a essa dinâmica.

Desde suas formulações iniciais nas primeiras décadas do século XX até hoje, seja na Europa, nos Estados Unidos ou no Brasil, muito do que sabemos sobre as línguas do mundo decorre das proposições do estruturalismo linguístico. Muito também do que a linguística estruturalista formulou tem sido revisitado, reformulado e continua como pressuposto válido para a elaboração de novos *insights* e de novas teorias. Com efeito, "regularidade", "estrutura", "sistema", "forma", "padrão" são conceitos básicos de qualquer metodologia.

Nossa tendência é valorizar sempre a última teoria, a última metodologia de trabalho, como se, simplesmente por serem as mais recentes, fossem as melhores. Não raro, menosprezamos as conquistas dos linguistas que nos antecederam porque são "passado" e, na conhecida distinção do historiador da ciência, Thomas Kuhn (1922-1996), diferentemente da arte, a ciência mata o seu passado. O importante a observar no caso da linguística, e certamente de outras ciências, é que ocupar o centro das atenções em um determinado momento da história da disciplina e promover o avanço científico são instâncias diferentes. Não é porque o estruturalismo linguístico esteve em evidência na primeira metade do século XX que tudo o que aprendemos com ele deve ser, simplesmente, descartado.

Ser a teoria mais recente na cronologia de uma disciplina não significa ser a melhor: há critérios bastante complexos para comparar e avaliar teorias, e não é nosso objetivo explorá-los aqui. Por ora, é razoável admitir que a linguística é um campo multidisciplinar, cujo progresso só pode ser calculado dentro da evolução de cada quadro teórico ou metodológico. O relevante para decidir se vamos trabalhar no quadro teórico estruturalista ou não é saber a quais perguntas sobre o mundo uma teoria me ajuda a responder. E as teorias e métodos estabelecidos dentro dos quadros estruturalistas de trabalho procuram responder, como vimos, a perguntas relativas aos componentes estruturais de uma língua e às suas relações. Em última instância, uma análise estruturalista nos permite responder de que maneira um determinado complexo sócio-linguístico-cultural recorta, hierarquiza e significa o mundo. A formulação dessas perguntas e suas respostas está na base de várias teorias contemporâneas, sejam linguísticas, sejam cognitivas, sejam semióticas.

O QUE EU PODERIA LER PARA SABER MAIS?

A literatura sobre a linguística estruturalista é imensa, as sugestões aqui e às que eu me referi ao longo do texto são bastante seletivas. Além dos manuais de história da linguística do século XX tradicionais, todos traduzidos para o português, como Lepschy, (1971), Malmberg (1971); Camara Jr. (1975); Mounin (1972); até os mais recentes, como Bagno (2023) e os especializados, como Dosse (1993), vols. 1 e 2, e Altman (2021). Para análises estruturalistas do português, sobretudo Camara Jr. (1970) e (1974). Qualquer edição dos *Princípios de linguística geral* de Mattoso Camara Jr., depois da 4ª, é atual.

Referências

ALTMAN, C. *A guerra fria estruturalista*. São Paulo: Parábola, 2021.
BAGNO, M. *Uma história da linguística*. Vol. 2. Do século 19 ao limiar do século 20. São Paulo: Parábola, 2023.
CAMARA JR., J. M. *Estrutura da língua portuguesa*. Rio de Janeiro: Vozes, 1970.
CAMARA JR., J. M. O estruturalismo linguístico. *Tempo Brasileiro*. v. 15/16, 1973, pp. 5-43.
CAMARA JR., J. M. *Princípios de linguística geral*. Rio de Janeiro: Acadêmica, 1974.
CAMARA JR., J. M. *História da linguística*. Petrópolis: Vozes, 1975.
DOSSE, F. *História do estruturalismo*. V. 1 e 2. Campinas: Editora da Unicamp, 1993.
LANGACKER, R. W. *Fundamentals of linguistic analysis*. New York: Harcourt, 1972.
LEPSCHY, G. *A linguística estrutural*. São Paulo: Perspectiva, 1971.
MALMBERG, B. *As novas tendências da linguística*. São Paulo: Nacional, 1971.
MOUNIN, G. *A linguística do século XX*. São Paulo: Martins Fontes, 1972.
PARRET, H. *Enunciação e pragmática*. Campinas: Editora da Unicamp, 1988.
SAUSSURE, F. *Curso de linguística geral*. São Paulo: Cultrix, 1993[1916].

Linguística evolutiva

Vitor A. Nóbrega

O QUE É A LINGUÍSTICA EVOLUTIVA?

A linguística evolutiva é uma subárea dos estudos linguísticos que busca esclarecer os pré-requisitos biológicos e socioculturais envolvidos no desenvolvimento evolutivo e na fixação de uma capacidade linguística na espécie humana. Seu foco investigativo está em reconstruir quais fatores propiciaram a evolução de habilidades essenciais para o desenvolvimento da linguagem, a qual dotou indivíduos humanos com conhecimentos fundamentais para produzir, adquirir e processar uma ou mais línguas.

A linguística evolutiva integra os estudos biolinguísticos, mas não deve ser vista como um sinônimo desses últimos. A biolinguística diz respeito a um ramo da linguística e das ciências cognitivas interessado em desvendar as bases biológicas da linguagem humana subjacentes a variados domínios empíricos, delimitados pelas questões em (1)[1]. Naturalmente, uma de suas grandes questões está vinculada à evolução de uma capacidade linguística, aquela que destaco a seguir.

(1)   *Questões biolinguísticas sobre a linguagem*
       a. O que caracteriza o conhecimento da linguagem?
       b. Como esse conhecimento é adquirido?
       c. Como esse conhecimento é colocado em uso?
       d. Como esse conhecimento está implementado no cérebro?
       e. **Como esse conhecimento emergiu na espécie?**

70　A linguística hoje

A linguística evolutiva é um campo de investigação tipicamente multidisciplinar. Muito embora seu escopo principal compreenda a linguagem humana, qualquer teorização séria envolve a articulação de conhecimentos e dados oriundos de uma gama extraordinariamente ampla de disciplinas, incluindo, de modo não exaustivo, a genética, a biologia evolutiva, a arqueologia, a paleoantropologia, a etologia, a antropologia, a psicologia, a primatologia, a computação e a neurociência. Desse modo, a linguística evolutiva não deve ser entendida como um *métier* exclusivo do linguista, uma vez que é desenvolvida – e, em muitos casos, capitaneada – por pesquisadores de diferentes áreas.

O QUE A LINGUÍSTICA EVOLUTIVA ESTUDA?

De modo geral, pesquisadores que se ocupam da linguística evolutiva estudam os fatores que promoveram uma mudança qualitativa de um estado/comportamento não linguístico para um estado/comportamento linguístico. Entretanto, a polissemia do termo *evolução* leva a diferentes posicionamentos com relação à delimitação daquilo que deve servir como objeto de estudo dessa área. Admitindo que *evolução* significa genericamente "mudança ao longo do tempo", podemos dizer que a linguística evolutiva estuda:

(2)　*Objetos de estudo da linguística evolutiva*
　　a. *Objeto 1: A evolução da linguagem (evolução como filogenia)*
　　　Os *processos biológicos* que propiciaram a emergência de uma capacidade linguística na espécie, e
　　b. *Objeto 2: A evolução das línguas (evolução como glotogenia)*
　　　Os *processos socioculturais e históricos* atrelados à emergência de novas línguas a partir da ausência de sistemas linguísticos ou a partir de mudanças aplicadas a sistemas linguísticos.

Enquanto (2a) define a linguística evolutiva como o estudo do desenvolvimento de um caractere biológico para a linguagem – ou seja, de um "órgão para linguagem" –, (2b) tem como foco o estudo dos processos de mudança linguística que impulsionam a formação de novas línguas. A linguística evolutiva, de acordo com essa segunda visão, poderia equivaler *grosso modo* à linguística histórica; uma correlação que não é consensualmente aceita[2]. É importante destacar que, apesar de distintos, esses dois objetos de investigação não são necessariamente excludentes. Tanto (2a) quanto (2b), a depender da tradição linguística a que o pesquisador se filia, podem servir como objeto de estudo da linguística evolutiva.

Para pesquisadores que abordam a linguagem a partir do uso, a evolução da linguagem pode ser entendida como uma consequência direta da mudança e do contato linguísticos, o que faz com que (2a) e (2b) sejam muitas vezes entendidos como parte de um mesmo fenômeno (e.g., Croft, 2000; Givón, 2002; Heine e Kuteva, 2007; Everett, 2012; Tamariz e Kirby, 2016; Kirby, 2017)[3]. Já pesquisadores que abordam a linguagem como um caractere fundamentalmente biológico, a glotogenia – isto é, a origem e a formação das línguas –, é vista como um processo secundário e totalmente alheio aos processos genéticos e neurofisiológicos que deram origem a uma competência linguística (e.g., Bickerton, 1990; Pinker e Bloom, 1990; Chomsky, 2010, 2011, 2016, 2022; Berwick e Chomsky, 2016; Miyagawa, 2017; Mendívil-Giró, 2019).

No que compete ao trabalho em si, estudar (2a) – a filogenia da linguagem – implica explorar, pelo menos, três grandes problemas, sintetizados por Hauser et al. (2002: 1570):

(3)   *Três grandes problemas sobre a filogenia da linguagem*
    a. *Problema 1*: *Caractere compartilhado vs. único*
       A linguagem humana corresponde a (i) um caractere biológico que se equipara aos sistemas de comunicação de animais não humanos ou diz respeito a (ii) um caractere único, descontínuo ao que é observado no comportamento animal?
    b. *Problema 2*: *Emergência gradual vs. saltacional*
       A linguagem humana emergiu através de (i) um processo biológico gradual ou (ii) seu surgimento se deu de forma abrupta?
    c. *Problema 3*: *Evolução por continuidade vs. exaptação*
       A linguagem humana constitui (i) um caractere biológico que evoluiu a partir de modificações aplicadas a algum sistema de comunicação animal ou (ii) seus componentes evoluíram por razões independentes da linguagem e foram, ocasionalmente, recrutados para servir a uma função linguística?

Por outro lado, estudar (2b) – a glotogenia – envolve, pelo menos, três grandes frentes de investigação, as quais não estão necessariamente integradas. A primeira diz respeito à identificação do ancestral comum a partir do qual as famílias linguísticas contemporâneas derivam, isto é, se elas decorrem de uma única língua ancestral – a hipótese monogenética – ou se as diferentes famílias linguísticas provêm, cada uma, de um ancestral independente – a visão poligenética. Para essa perspectiva, abordar o modo como se deu a diversificação linguística é, em si, uma janela para a investigação sobre a evolução da linguagem.

A segunda frente de investigação compreende o estudo das dinâmicas interativas que possibilitaram o surgimento da linguagem, o qual é entendido como resultado de um processo intrinsicamente social (Croft, 2000; Mufwene, 2008, 2010). Ao abordar as línguas como sistemas adaptativos complexos, isto é, como sistemas cuja formação não parte de um conjunto preestabelecido de regras universais, investigadores buscam entender de que modo padrões linguísticos emergem em decorrência de uma autorregulação estabelecida em determinada ecologia linguística, semelhantemente ao que é observado em outros sistemas naturais complexos. Para esses autores, a autorregulação é produto de dinâmicas interacionais e derivam, possivelmente, das estratégias linguísticas empregadas para solucionar entraves comunicativos.

A terceira frente de investigação envolve, por sua vez, avaliar o desenvolvimento estrutural de minigramáticas, ou seja, línguas artificiais criadas pelos próprios pesquisadores para avaliação em contexto laboratorial. O objetivo dessa terceira frente é explorar, em um ambiente controlado, de que forma comportamentos do indivíduo resultam em fenômenos linguísticos em nível populacional, bem como de que modo padrões linguísticos são criados e transmitidos ao longo de gerações (Scott-Phillips e Kirby, 2010; Kirby, 2017; Boeckx, 2021). A terceira frente está em clara articulação com as preocupações colocadas pelos pesquisadores da segunda frente.

É interessante notar que os primeiros debates acerca da emergência da linguagem, dos pré-científicos àqueles internos à linguística histórico-comparativa, centram-se em torno de (2b), em particular, em torno do debate envolvendo a diversificação das famílias linguísticas, se monogenética ou poligenética. É somente após o início da biologia moderna, no final do século XIX, que um foco filogenético, como (2a), passa a ser considerado como objeto de estudo (Cohen, 2013). De todo modo, (2b) segue sendo um domínio de interesse da linguística evolutiva, apesar de inúmeras críticas sobre a capacidade de o método histórico-comparativo retroceder no tempo, de tal forma que suas reconstruções sejam relevantes evolutivamente (Graffi, 2019)[4]. Do que se pode aferir que o método histórico-comparativo não é capaz de reconstruir línguas anteriores a 6.000-12.000 anos (Renfrew, 2000).

Modernamente, dadas as limitações do método histórico-comparativo, estudos sobre glotogenia ganharam maior credibilidade quando avaliados a partir de parâmetros genéticos e antropológicos, em particular através do contraste entre a árvore genealógica das línguas, tal como a elaborada por Ruhlen (1994), e a árvore genealógica das populações humanas (Cavalli-Sforza, 2000). Ainda, pesquisadores vêm testando novas estratégias metodológicas para a reconstrução de sistemas linguísticos pré-históricos, com base na análise de objetos pertencentes a domínios ontológicos próximos ou distantes da linguagem humana (Benítez-Burraco e Progovac, 2021).

Por fim, destaco um aspecto particular de (2b): se considerado isoladamente, esse objeto se restringe ao estudo da linguagem no nível comportamental, logo sociocultural. Admitindo que a glotogenia desempenha um papel na evolução da linguagem, considero ainda imperativo explicar como alterações nas propriedades superficiais das línguas – resultantes de interações entre grupos humanos – impactou (ou não) as bases genéticas e neurológicas envolvidas na linguagem (2a). Dos estudos disponíveis acerca de (2b), percebo que essa é uma preocupação mais recorrente naqueles que investigam a evolução da linguagem em laboratório. Seu alvo está em aprimorar a descrição dos mecanismos de interação e coordenação socioculturais envolvidos na mudança linguística, a fim de articulá-los com modelos de evolução biológica, e, como resultado, obter um entendimento mais amplo da evolução da linguagem. Como veremos na seção seguinte, essa problemática dialoga intimamente com os debates acerca da interação gene-cultura na evolução humana, os quais obviamente não se restringem à evolução da linguagem (cf. Laland, 2017; Heyes, 2018; d'Érrico e Colagè, 2018).

QUAIS SÃO AS GRANDES LINHAS DE INVESTIGAÇÃO?

É legítimo dizer que, atualmente, a linguística evolutiva apresenta duas grandes linhas de investigação. Essas linhas se diferenciam uma da outra no grau de relevância que atribuem a processos biológicos e socioculturais no desenvolvimento de uma habilidade linguística na espécie.

Para a primeira linha, a qual chamarei de *internalista*, uma faculdade intelectual para a linguagem – uma faculdade da linguagem (FL) – surgiu fundamentalmente por meio de mudanças genéticas e neurofisiológicas; logo, como resultado de um processo totalmente dissociado da evolução histórico-cultural das línguas. De modo amplo, a vertente internalista assume que mudanças genéticas – no nível do indivíduo – ocasionaram uma reorganização da mente/cérebro humanos. Tal reorganização permitiu que humanos modernos passassem a articular os símbolos extraídos de sua percepção através de estruturas. A manipulação de símbolos de forma estruturada – por meio de uma sintaxe – ocorreu primeiramente como uma linguagem do pensamento; por isso, o rótulo *internalista*. Essa linguagem do pensamento, a qual caracteriza a própria emergência da FL, acabou conferindo vantagens adaptativas à espécie, promovendo posteriormente sua seleção e consequente espraiamento na população.

A glotogenia, para a vertente internalista, representa um evento secundário, tanto em grau de relevância na filogenia da FL quanto de um ponto de vista temporal, se considerado o momento do seu surgimento (Huybregts, 2017). A formação das línguas é, para essa visão, um fenômeno tardio, tendo se iniciado somente após a FL – isto é, uma linguagem do pensamento abstrata – ter sido fixada na biologia da espécie[5]. Os mecanismos sensório-motores, responsáveis pela externalização dessa linguagem do pensamento na forma de uma língua concreta, teriam sido vinculados à FL muito tempo depois de sua emergência. Esquematicamente, podemos representar a visão internalista com a ilustração na Figura 1.

Figura 1 – Modelo de evolução da linguagem de acordo com a visão internalista.

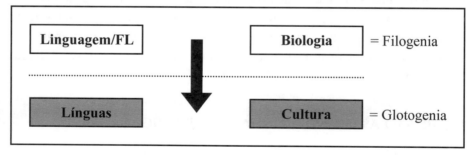

Observe, nessa ilustração, a plena dissociação do papel da glotogenia – e, por conseguinte, da cultura – na emergência da linguagem. A seta indica que é somente após a fixação de um caractere biológico para a linguagem, a FL, que as línguas – isto é, seus produtos – passaram a ser forjadas. Consequentemente, toda língua humana instancia uma forma possível de expressão/externalização de uma mesma capacidade biológica compartilhada pela espécie. Representantes dessa primeira linha de investigação são as abordagens formalistas, particularmente de viés gerativista (e.g., Bickerton, 1990; Chomsky, 2016, 2022; Berwick e Chomsky, 2016; Miyagawa, 2017)[6].

Já para a segunda vertente, a qual chamo de *externalista*, a linguagem teria surgido por meio de uma série de interações comunicativas entre indivíduos ao longo do tempo, por isso o rótulo *externalista*[7]. Uma das abordagens mais comuns da visão externalista compreende a seguinte hipótese: um determinado sistema de comunicação teria conferido vantagens adaptativas tanto para o indivíduo quanto para o grupo que o partilhava. Paralelamente, genes teriam sido selecionados para possibilitar um uso mais eficiente desse sistema. O desenvolvimento de uma cultura linguística – a princípio, incipiente – teria favorecido certas adaptações biológicas que impactaram diretamente a evolução da linguagem (cf. Hurford, 2012)[8].

Essa segunda visão está esquematizada na Figura 2. Observe que aspectos socioculturais, decorrentes do uso desse sistema linguístico ao longo de anos, estão em interação constante com a evolução biológica da linguagem, descrita através do ciclo formado pelas setas. Como resultado dessa interação entre cultura e biologia, a linguagem foi paulatinamente adquirindo habilidades que tornaram seu uso mais eficiente, tais como um processamento mais rápido de informações, o aumento da capacidade de armazenamento dos mapeamentos entre forma e significado, entre outras. Representantes dessa segunda visão geralmente se filiam à linguística funcional, à sociolinguística e à linguística cognitiva[9] (e.g., Croft, 2000; Givón, 2002; Tamariz e Kirby, 2016; Kirby, 2017; Thomas e Kirby, 2018)[10,11].

Figura 2 – Modelo de evolução da linguagem de acordo com a visão externalista.

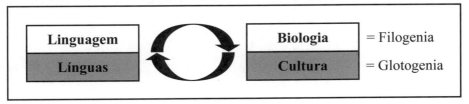

É interessante observar que ambas as visões, considerando seus diferentes desmembramentos internos, podem recorrer à ideia de uma protolinguagem no âmbito da filogenia, isto é, à assunção de estágios intermediários pelos quais teriam passado a capacidade linguística humana. Desse modo, é possível encontrar tanto propostas para protolinguagens seguindo a visão internalista (e.g., Bickerton, 1990; Progovac, 2015) quanto protolinguagens que se associam à visão externalista (e.g., Wray, 1998; Mithen, 2005)[12]. Uma revisão das diferentes propostas para protolinguagens é oferecida em Fitch (2010).

QUE ESTUDOS PODEM SER DESENVOLVIDOS COM A LINGUÍSTICA EVOLUTIVA?

Considerando os dois objetos de estudo destacados neste capítulo – a filogenia da linguagem e a glotogenia –, uma variada gama de investigações pode ser desenvolvida em linguística evolutiva. Antes de apresentá-la, é importante fazer uma ressalva.

As discussões sobre a filogenia da linguagem, produzidas a partir da análise de dados exclusivamente linguísticos, se limitam à teorização, o que permite estabelecer uma agenda de pesquisas – como vimos na apresentação das linhas internalista e externalista – que, por si só, aloca-se no nível da especulação, até que evidências independentes vindas de outras disciplinas sejam fornecidas. O linguista, nesse sentido, esquadrinha itinerários de pesquisa na forma de hipóteses que podem levar a possíveis conexões entre disciplinas. Suas especulações somente poderão se tornar propriamente uma possível explicação para a filogenia da linguagem quando interdisciplinaridades concretas forem estabelecidas.

Com isso em mente, destaco, de maneira não exaustiva, possíveis estudos que podem ser conduzidos em diferentes disciplinas e cujos resultados permitem o avanço das investigações em linguística evolutiva. Esses estudos estão resumidos nos dois quadros a seguir, cada qual vinculado a uma disciplina particular. Os dois quadros foram inspirados nas discussões presentes em Fitch (2017).

Quadro 1 – Linhas de estudo sobre a filogenia da linguagem.

Filogenia da linguagem	
Genética	• *Genética de populações* Identificação da mais antiga cisão populacional humana que deu origem a grupos descendentes linguisticamente competentes (Huybregts, 2017).
	• *Paleo-DNA* Isolamento de genes exclusivos ao genoma *Homo sapiens* – em comparação com o recém-reconstruído genoma neandertal (ver Pääbo, 2014) – e avaliação de seus possíveis impactos na evolução da linguagem.
Etologia	• *Estudos comparativos com o comportamento vocal de animais não humanos* Reconstrução dos caracteres envolvidos na FL compartilhados com primatas não humanos – caracteres homólogos –, bem como caracteres que apareceram independentemente em espécies mais distantes; porém, ausentes em primatas não humanos – caracteres análogos (e.g., aprendizagem vocal; Jarvis, 2019). Tais estudos possibilitam a identificação dos precursores filogenéticos para componentes da FL.
Neurociência	• *Neurobiologia evolutiva* Identificação de conexões neurais correlatas em animais humanos e não humanos (e.g., Pfenning et al., 2014), bem como inovações neurológicas vinculadas ao processamento linguístico disponível em humanos, mas incipiente em animais não humanos (e.g., reforço na conexão entre a área de Broca [Broadmann 44] com o córtex temporal posterior em humanos em oposição a primatas não humanos; e.g., Friederici, 2009).
Linguagens formais	• *Hierarquia formal de Chomsky* Inferência da complexidade gramatical subjacente às regras combinatoriais de sistemas de comunicação animal (e.g., Fitch e Hauser, 2004; Berwick et al., 2011) e da produção de artefatos culturais pré-históricos, tais como lascamento de ferramentas líticas ou gravuras rupestres (e.g., Camps e Uriagereka, 2006; Longa, 2013).

78 A linguística hoje

Quadro 2 – Linhas de estudo sobre a glotogenia.

Glotogenia	
Linguística	• *Sistemas de sinais caseiros e línguas de sinais emergentes* Descrição dos estágios pelos quais passam a formação de sistemas linguísticos que emergem na ausência de um estímulo linguístico organizado, tais como os sinais caseiros (isto é, sinais utilizados por crianças surdas para se comunicar com pais ouvintes não sinalizantes) e as línguas de sinais emergentes (e.g., Goldin-Meadow, 2016; Goldin-Meadow e Yang, 2017; Kirby e Tamariz, 2021). • *Evolução em laboratório* Descrição dos estágios pelos quais passam línguas inventadas por pesquisadores, cujas mudanças são anotadas em um ambiente laboratorial controlado, através da análise de gerações de sujeitos expostos em diferentes momentos a essa minigramática em desenvolvimento — o *Iterated Learning Paradigm* (Scott-Phillips e Kirby, 2010).
Genética e antropologia	• *Genética de populações* Contraste entre a distribuição de famílias linguísticas e grupos populacionais humanos, a fim de inferir o/s ancestral/is linguístico/s das famílias linguísticas modernas (Barbieri et al., 2022).
Arqueologia e paleoantropologia	• *Vínculos entre cultura material simbólica e linguagem* Identificação de traços simbólicos vinculados a uma determinada cultura material pré-histórica (e.g., manufatura de ornamentos corporais, produção de representações (não-) figurativas) e seu vínculo com a expressão das habilidades linguísticas humanas (D'Errico et al., 2009).

Para concluir, é honesto destacar as preocupações envolvendo a reconstrução evolutiva da linguagem. Dada a ausência de evidências diretas, muitos autores caracterizam essa empreitada intelectual como um mistério, não como um problema (Lewontin, 1998; Hauser et al., 2014), o qual, por sua própria natureza, não seria passível de ser solucionado. Não à toa, há um tremendo esforço internamente ao campo para evitar a propagação de especulações e teorias fabulosas. Com isso em mente, é imperativo que todo linguista interessado na linguística evolutiva seja extremamente criterioso nas correlações e conclusões evolutivas que busca estabelecer, a fim de evitar a propagação de inferências infundadas.

Há, por outro lado, uma nota de otimismo lastreada pelo recente desenvolvimento de metodologias mais rigorosas e pelos inúmeros avanços obtidos em disciplinas centrais para os estudos sobre a evolução da linguagem (Fitch, 2017; Martins e Boeckx, 2018). Até mesmo Noam Chomsky, um dos pesquisadores mais céticos sobre o tema, vem ultimamente colocando a evolução da capacidade linguística – ao lado da aprendizagem – como uma das empreitadas científicas mais relevantes para a linguística de hoje (Chomsky, 2021). Há, portanto, um critério de adequação evolutiva que deve ser considerado por todo linguista. O fato de estarmos diante de um cenário empírico tão incerto não deve servir como argumento para remover essa disciplina de nossa pauta de investigações.

O QUE EU PODERIA LER PARA SABER MAIS?

Como materiais introdutórios, sugiro "Como surgiu a linguagem?", em *O que sabemos sobre a linguagem?*, de minha autoria (2022), e "Origin of Language and Origins of Languages", de Giorgio Graffi (2019). Introduções sobre a visão internalista podem ser encontradas no primeiro capítulo de *Que tipo de criaturas somos nós?*, de Chomsky (2018); no terceiro capítulo de *Por que somente nós? Linguagem e evolução*, de Berwick e Chomsky (2017); e no capítulo "O Problema de Wallace-Darwin", em *Chomsky: a reinvenção da linguística*, de minha autoria (2019). Diferentes perspectivas acerca da visão externalista estão em "The Origins and the Evolution of Language", em *The Oxford Handbook of the History of Linguistics*, de Salikoko Mufwene (2018), bem como nos livros *Origens culturais da aquisição do conhecimento humano*, de Michael Tomasello (2003), e *Linguagem: a história da maior invenção da humanidade*, de Daniel Everett (2019).

Ainda são poucos os manuais sobre linguística evolutiva, tanto em inglês quanto em português. Por isso, sugiro alguns que considero capazes de fornecer ramos de investigação produtivos para aqueles interessados nessa área. São eles: *Evolutionary Linguistics*, de April McMahon e Robert McMahon (2013) e *Language Evolution: the Windows Approach*, de Rudolf Botha (2016). Outro material que pode servir como manual é o *The Oxford Handbook of Language Evolution*, organizado por Maggie Tallerman e Kathleen Gibson (2012).

Por fim, sugiro leituras em que a linguística evolutiva está em diálogo com outras disciplinas. Em diálogo com a genética, há o livro *Genes y lenguaje: aspectos ontogenéticos, filogenéticos y cognitivos*, de Antonio Benítez-Burraco (2009). Em diálogo com os estudos sobre comunicação animal, o artigo "Animal Linguistics: a Primer", de Melissa Berthet e colegas (2023). Em diálogo com a neurociência, o livro de Angela Friederici, *Language in Our Brain: the Origins of a Uniquely Human Capacity* (2017). Finalmente, em diálogo com a arqueologia e com a paleoantropologia, sugiro o artigo de Ian Tattersall, "An

Evolutionary Framework for the Acquisition of Symbolic Cognition by Homo sapiens" (2008). Dentre os artigos do autor, esse é um dos mais abrangentes e acessíveis. Outra sugestão para o diálogo com essa área é o livro *A pré-história da mente*, de Steven Mithen (2002). Vale destacar que esse último já está um tanto desatualizado no que diz respeito às descobertas mais recentes sobre a evolução humana, mas segue sendo de considerável relevância intelectual. As referências completas podem ser encontradas nas Referências[13].

Notas

[1] Essas questões descrevem os principais problemas a serem investigados pela linguística contemporânea, como propõe, em particular, a linguística chomskiana (Chomsky, 1986; Boeckx e Grohmann, 2007; Othero e Kenedy, 2019). Elas não devem ser vistas como particulares a um modelo teórico, dado que são exploradas por diferentes abordagens, a partir de metodologias muitas vezes distintas (Martins e Boeckx, 2016). Para uma introdução à área, vale consultar Kenedy (2023).

[2] Remeto o leitor ao capítulo "Linguística histórica", neste volume.

[3] A vinculação entre (2a) e (2b), entretanto, nem sempre ocorre. Mufwene (2008, 2010, 2013), por exemplo, embora tenha como foco investigativo (2b), propõe que houve primeiramente um fenômeno biológico que deu origem a um tipo particular de cognição – como a humana – e que, a partir dessa evolução cognitiva (não linguística), as línguas teriam emergido.

[4] É importante salientar que muitos dos pesquisadores que se filiam a (2b) não têm necessariamente interesse em identificar o ancestral ou os ancestrais das línguas modernas. Para esses autores, tal como para aqueles que se alinham a (2a), essa frente é praticamente uma tarefa de elucubração, pouco interessante do ponto de vista empírico (cf. Bickerton, 2010; Chomsky, 2010; Nichols, 2012; Mufwene, 2013).

[5] Perceba que, de acordo com essa visão, a comunicação não desempenha um papel crucial como um fator adaptativo atrelado à emergência da linguagem. A comunicação, vinculada à emergência das línguas, seria um epifenômeno. O que teria emergido, portanto, não foi uma linguagem para comunicação, mas um sistema abstrato de organização do pensamento humano. Ver, entretanto, Wiltschko (2022), para uma reavaliação do papel da comunicação na evolução da linguagem dentro da visão internalista.

[6] Remeto o leitor ao capítulo "Linguística gerativa", neste volume.

[7] A visão externalista, em geral, não se compromete com a assunção de um módulo separado da linguagem, tal como a FL no empreendimento gerativista. Seus adeptos admitem que a linguagem é parte da cognição geral humana. Por esse motivo, irei me referir à habilidade que evoluiu genericamente como "linguagem", sem implicar com isso um módulo cognitivo especializado.

[8] É válido destacar que nem sempre a interação entre gene e cultura é aventada na visão externalista. Há autores que admitem que somente aspectos culturais poderiam ter propiciado a evolução da linguagem, particularmente aqueles que focalizam o papel da gramaticalização na glotogenia.

[9] Remeto o leitor aos capítulos "Linguística funcional" (neste volume) e "Linguística cognitiva" (Othero e Flores, 2023).

[10] Somam-se a essa segunda vertente teóricos que analisam fenômenos não linguísticos nas investigações sobre a evolução da linguagem. Por exemplo, Tomasello (2008), Arbib (2012), Tattersall (2012), Christiansen e Chater (2016), Laland (2017), Heyes (2018), D'Érrico e Colagè (2018), entre outros.

[11] Recentemente, trabalhos explorando a autodomesticação da espécie, a qual teria conferido maiores habilidades de socialização, têm sido utilizados para argumentar em favor da influência de aspectos culturais no desenvolvimento evolutivo da linguagem (e.g., Benítez-Burraco e Kempe, 2018; Raviv e Kirby, 2022).

[12] Nem todos os pesquisadores vinculados à visão externalista, entretanto, chamariam os estágios intermediários de protolinguagem. Para muitos deles, aquilo já é linguagem. A ideia de protolinguagem só é pertinente a modelos que trabalham com a ideia de que existe um alvo a ser alcançado (e.g., a língua do adulto, a língua idealizada pelo linguista etc.).

[13] Agradeço imensamente à Evani Viotti e aos organizadores deste livro, Gabriel Othero e Valdir Flores, pelos valiosos comentários, sugestões e correções, fundamentais para um aprimoramento deste capítulo.

Referências

ARBIB, M A. *How the brain got language*. Oxford: OUP, 2012.

BARBIERI, C. et al. A global analysis of matches and mismatches between human genetic and linguistic histories. *PNAS*. v. 119, n. 47, 2022.

BENÍTEZ-BURRACO, A. *Genes y lenguaje*: Aspectos ontogenéticos, filogenéticos y cognitivos. Barcelona: Editorial Reverté, 2009.

BENÍTEZ-BURRACO, A.; KEMPE, V. The emergence of modern languages: has human self-domestication optimized language transmission? *Frontiers in Psychology*. v. 9, n. 551, 2018.

BENÍTEZ-BURRACO, A.; PROGOVAC, L. Reconstructing prehistoric languages. *Phil. Trans. R. Soc. B.*, v. 376, 2021.

BERTHET, M. et al. Animal linguistics: a primer. *Biological Reviews*, v. 98, n. 1, 2023, pp. 81-98.

BERWICK, R. C. et al. Songs to syntax: the linguistics of birdsong. *Trends in Cognitive Sciences*, v. 15, 2011, pp. 113-121.

BERWICK, R. C.; CHOMSKY, N. *Why only us*: language and evolution. Cambridge, MA: MIT Press, 2016.

BERWICK, R. C.; CHOMSKY, N. *Por que apenas nós?* Linguagem e evolução. São Paulo: Editora da Unesp, 2017.

BICKERTON, D. *Language and species*. Chicago: Chicago University Press, 1990.

BICKERTON, D. *Adam's tongue*: how humans made language, how language made humans. New York: Hill & Wang, 2010.

BOECKX, C. *Reflections on language evolution*: from minimalism to pluralism. Berlin: Language Science Press, 2021.

BOECKX, C.; GROHMANN, K. The biolinguistics manifesto. *Biolinguistics*. v. 1, n. 1, 2007.

BOTHA, R. *Language evolution*: the windows approach. Cambridge: CUP, 2016.

CAMPS, M.; URIAGEREKA, J. The gordian knot of linguistic fossils. In: ROSSELLÓ, J.; MARTÍN, J. (orgs.). *The biolinguistic turn*: issues on language and biology. Barcelona: Universitat de Barcelona, 2006, pp. 34-65.

CAVALLI-SFORZA, L. L. *Genes, peoples, and languages*. Nova York: Harper, 2000.

CHOMSKY, N. *Knowledge of language*: its nature, origin and use. Nova York: Praeger, 1986.

CHOMSKY, N. Some simple evo-devo theses: how true might they be for language? In: LARSON, R. et al. (orgs.). *The evolution of human language*: biolinguistic perspectives. Cambridge: CUP, 2010.

CHOMSKY, N. Language and other cognitive systems. What is special about language? *Lang. Learn. Dev.*, v. 7, n. 4, 2011.

CHOMSKY, N. *What kind of creatures are we?* Cambridge, MA: MIT Press, 2016.

CHOMSKY, N. *Que tipo de criaturas somos nós?* Petrópolis: Vozes, 2018.

CHOMSKY, N. Minimalism: where are we now, and where can we hope to go. *Gengo Kenkyu*. v. 160, 2021.

CHOMSKY, N. Genuine explanation and the strong minimalist thesis. *Cognitive Semantics*. v. 8, 2022.

CHRISTIANSEN, M. H.; CHATER, N. *Creating language*: integrating evolution, acquisition, and processing. Cambridge, MA: MIT Press, 2016.

COHEN, H. Historical, darwinian, and current perspectives on the origin(s) of language. In: LEFEBVRE, C. et al. (orgs.). *New perspectives on the origins of language*. Amsterdam: John Benjamins, 2013.

CROFT, W. *Explaining language change*: an evolutionary approach. London: Longman, 2000.

D'ERRICO, F. et al. From the origin of language to the diversification of languages: what archaeology and paleoanthropology say? In: D'ERRICO, F.; HOMBERT, J-M. (orgs.). *Becoming eloquent*: advances in the emergence of language, human cognition and modern cultures. Amsterdam: John Benjamins, 2009, pp. 13-68.

D'ERRICO, F; COLAGÈ, I. Cultural exaptation and cultural neural reuse: a mechanism for the emergence of modern culture and behavior. *Biological Theory*, v. 13, 2018.

EVERETT, D. L. *Language*: the cultural tool. Nova York: Random House, 2012.

EVERETT, D. L. *Linguagem*: a história da maior invenção da humanidade. São Paulo: Contexto, 2019.

FITCH, W. T. *The evolution of language*. Cambridge: CUP, 2010.

FITCH, W. T. Empirical approaches to the study of language evolution. *Psychonomic Bulletin & Review*. v. 24, 2017.

FITCH, W. T.; HAUSER, M. D. Computational constraints on syntactic processing in a nonhuman primate. *Science*, v. 303, 2004, pp. 377-380.

82 A linguística hoje

FRIEDERICI, A. D. Pathways to language: fiber tracts in the human brain. *Trends in Cognitive Sciences*. v. 13, 2009, pp. 175-181.

FRIEDERICI, A. D. *Language in our brain*: the origins of a uniquely human capacity. Cambridge, MA: MIT Press, 2017.

GIVÓN, T. *Bio-linguistics*: the Santa Barbara lectures. Amsterdam: John Benjamins, 2002.

GOLDIN-MEADOW, S. What the hands can tell us about language emergence. *Psychonomic Bulletin & Review*. v. 24, 2017.

GOLDIN-MEADOW, S.; YANG, C. Statistical evidence that a child can create a combinatorial linguistic system without external linguistic input: implications for language evolution. *Neurosci. Biobehav. Rev*. v. 81, 2017.

GRAFFI, G. Origin of language and origins of languages. *Evolutionary Linguistic Theory*. v. 1, n. 1, 2019.

HEINE, B.; KUTEVA, T. *The genesis of grammar*. Oxford: OUP, 2007.

HAUSER, M. D. et al. The faculty of language: what is it, who has it, and how did it evolve? *Science*.v. 298, 2002.

HAUSER, M. D. et al. The mystery of language evolution. *Frontiers in Psychology*. v. 5, n. 401, 2014.

HEYES, C. *Cognitive gadgets*: the cultural evolution of thinking. Cambridge, MA: Harvard University Press, 2018.

HURFORD, J. Linguistics from an evolutionary point of view. In: KEMPSON, R. et al. (orgs.). *Handbook of the philosophy of science*. Volume 14: Philosophy of Linguistics. [s.l.]: Elsevier, 2012, pp. 477-502.

HUYBREGTS, M. A. C. R. Phonemic clicks and the mapping asymmetry: how language emerged and speech developed. *Neurosci. Biobehav. Rev*. v. 81, 2017.

JARVIS, E. D. Evolution of vocal learning and spoken language. *Science*. v. 366, n. 6461, 2019, pp. 50-54.

KIRBY, S. Culture and biology in the origins of linguistic structure. *Psychonomic Bulletin & Review*. v. 24, 2017, pp. 118-137.

KIRBY, S.; TAMARIZ, M. Cumulative cultural evolution, population structure and the origin of combinatoriality in human language. *Phil. Trans. R. Soc. B*. v. 377, 2021.

KENEDY, E. Biolinguística. In: OTHERO, G. A.; FLORES, V. N. (orgs.). *A linguística hoje:* múltiplos domínios. São Paulo: Contexto, 2023.

LALAND, K. *Darwin's unfinished symphony*: how culture made the human mind. Princeton: Princeton University Press, 2017.

LEWONTIN, R. C. The evolution of cognition: questions we will never answer. In: SCARBOROUGH, D.; STERNBERG, S. (orgs.). *An invitation to cognitive science*: methods, models, and conceptual issues. Cambridge, MA: MIT Press, 1998.

LONGA, V. M. The evolution of the faculty of language from a chomskyan perspective: bridging linguistics and biology. *Journal of Anthropological Sciences*. v. 91, 2013.

MARTINS, P. T.; BOECKX, C. What we talk about when we talk about biolinguistics. *Linguistics Vanguard*. v. 2, n. 1, 2016, pp. 1-15.

MARTINS, P. T.; BOECKX, C. Language evolution: insisting on making it a mystery or turning it into a problem? In: SAINT-GERMIER, P. (org.). *Language, evolution and mind*. Londres: College Publications, 2018.

MCMAHON, A.; MCMAHON, R. *Evolutionary linguistics*. Cambridge: CUP, 2013.

MENDÍVIL-GIRÓ, J. L. Did language evolve through language change? On language change, language evolution and grammaticalization theory. *Glossa*. v. 4, n. 1, 2019.

MITHEN, S. *A pré-história da mente*. São Paulo: Editora da Unesp, 2002.

MITHEN, S. *The singing Neanderthals*: the origins of music, language, mind, and body. Londres: Weidenfeld & Nicolson, 2005.

MIYAGAWA, S. Integration hypothesis: a parallel model of language development in evolution. In: WATANABE, S. et al. (orgs.). *Evolution of the brain, cognition, and emotion in vertebrates*. Amsterdam: Springer, 2017, pp. 225-247.

MUFWENE, S. *Language evolution*: contact, competition, and change. Londres: Continuum, 2008.

MUFWENE, S. 'Protolanguage' and the evolution of linguistic diversity. In: SHEN, Z. et al. (orgs.). *Festschrift for William Wang*. Shanghai Jiaoyu Chubanshe: Education Press, 2010.

MUFWENE, S. The origins and the evolution of language. In: ALLAN, K. (org.). *The Oxford handbook of the history of linguistics*. Oxford: OUP, 2013.

NICHOLS, J. Monogenesis or polygenesis: a single ancestral language for all humanity? In: TALLERMAN, M.; GIBSON, K. G. (orgs.). *The Oxford handbook of language evolution*. Oxford: OUP, 2012.

NÓBREGA, V. A. O problema de Wallace-Darwin. In: OTHERO, G. A.; KENEDY, E. (orgs.). *Chomsky*: a reinvenção da linguística. São Paulo: Contexto, 2019.

NÓBREGA, V. A. Quando surgiu a linguagem? In: OTHERO, G. A.; FLORES, V. N. (orgs.). *O que sabemos sobre a linguagem?* 51 perguntas e respostas sobre a linguagem humana. São Paulo: Parábola, 2022.

OTHERO, G. A.; FLORES, V. N. (orgs.). *A linguística hoje*: múltiplos domínios. São Paulo: Contexto, 2023.

OTHERO, G. A.; KENEDY, E. (orgs.). *Chomsky*: a reinvenção da linguística. São Paulo: Contexto, 2019.

PÄÄBO, S. The human condition – a molecular approach. *Cell*. v. 157, 2014.

PFENNING, A. R. et al. Convergent Transcriptional specializations in the brain of humans and song-learning birds. *Science*. 346:1256846, 2014.

PINKER, S.; BLOOM, P. Natural language and natural selection. *Behavioral and Brain Sciences*. v. 13, 1990.

PROGOVAC, L. *Evolutionary syntax*. Oxford: OUP, 2015.

RAVIV, L.; KIRBY, S. Self-domestication and the cultural evolution of language. In: TEHRANI, J. J. et al. (orgs.). *The Oxford handbook of cultural evolution*. Oxford: Oxford University Press, 2023.

RENFREW, C. The problem of time depth. In: RENFREW, C. et al. (orgs.). *Time depth in historical linguistics*. Cambridge: McDonald Institute, 2000.

RUHLEN, M. *On the origin of languages*: studies in linguistic taxonomy. Stanford: Stanford University Press, 1994.

SCOTT-PHILLIPS, T.; KIRBY, S. Language evolution in the laboratory. *Trends in Cognitive Sciences*. v. 14, 2010.

TALLERMAN, M.; GIBSON, K. R. (orgs.). *The Oxford handbook of language evolution*. Oxford: OUP, 2012.

TAMARIZ, M.; KIRBY, S. The cultural evolution of language. *Current Opinion in Psychology*. v. 8, 2016.

TATTERSALL, I. An evolutionary framework for the acquisition of symbolic cognition by *Homo sapiens*. *Comparative Cognition and Behavior Reviews*. v. 3, 2008, pp. 99-114.

TATTERSALL, I. *Masters of the planet*: the search for our human origins. Nova York: Palgrave Macmillan, 2012.

THOMAS, J., KIRBY, S. Self-domestication and the evolution of language. *Biology & Philosophy*. v. 33, n. 1, 2018.

TOMASELLO, M. *Origens culturais da aquisição do conhecimento humano*. São Paulo: Martins Fontes, 2003.

TOMASELLO, M. *Origins of human communication*. Cambridge, MA: MIT Press, 2008.

WILTSCHKO, M. Language is for thought and communication. *Glossa*. v. 7, n. 1, 2022.

WRAY, A. Protolanguage as a holistic system for social interaction. *Language & Communication*. v. 18, n. 1, 1998.

Linguística formal

Renato Miguel Basso

O QUE É A LINGUÍSTICA FORMAL?

A expressão "linguística formal"[1] é comumente ouvida pelas pessoas que se iniciaram ou que tenham passado por estudos de letras e/ou linguística, principalmente quando se trata das áreas de sintaxe e semântica, e também em oposição a uma "linguística funcional", "da enunciação" ou "do discurso"[2]. Em geral, o uso de "formal" (e derivados) causa alguma confusão e espanto, não sem razão – há mais de uma concepção de "formal" em linguística, e a iniciação em análises formais da linguagem, muitas vezes, demanda um conhecimento de técnicas lógico-matemáticas que, normalmente, não associamos a estudos sobre língua natural. Entender um pouco sobre as diferentes acepções de "formal" na linguística ajuda a explicar e a entender essa confusão, ao mesmo tempo que auxilia na compreensão dos temas e dos métodos da linguística formal.

Seguindo Pires de Oliveira (2004), podemos encontrar, pelo menos, três acepções para "formal" nos estudos linguísticos realizados no Brasil. Uma primeira acepção desse termo tem a ver com a estrutura da teoria linguística – quando falamos da sistematização teórica de uma dada abordagem, seus termos técnicos, sua metodologia, suas análises e estratégias argumentativas, estamos tratando de aspectos formais da teoria, e assim qualquer teoria linguística, em qualquer área, tem sua forma e seu formalismo. Outra acepção de "formal" remete à ideia da oposição entre forma e função nos estudos linguísticos: o que explica uma determinada estrutura, sua forma ou sua função? Esse tipo de pergunta pode ser respondido, por exemplo, defendendo-se alguma primazia da forma (as formas explicam as funções) e também estendendo essa ideia na direção de uma primazia que tem a ver com a autonomia da sintaxe, confor-me encontrada em algumas versões do gerativismo. Assim, "formal" teria a ver muito diretamente com pesquisas gerativistas; por isso, não é incomum, apesar de ser um equívoco, identificar "formal" com "gerativismo". É certo que a linguística gerativa faz parte da linguística formal, mas a linguística formal é muito mais ampla que o gerativismo. Finalmente, a terceira – e mais interessante – acepção de "formal" e "formalismo" em linguística tem a ver com pensar na configuração e na explicação do fenômeno linguístico; assim sendo, fenômenos linguísticos poderiam ser explicados por meio da estrutura e das formas que os possibilitam. Conforme escreve Pires de Oliveira (2004), essa terceira acepção tem a ver com considerar "que as línguas naturais são um cálculo".

Neste texto, consideraremos justamente essa última ideia – o "formal" em linguística tem a ver com fenômenos linguísticos poderem ser produzidos e explicados por meio de sua estrutura e das formas que nela aparecem, de modo calculável e previsível (composicional). Isso não significa necessariamente equacionar a língua a um cálculo no sentido mais matemático do termo, mas sim que é possível entender e explicar fenômenos linguísticos como se fossem um cálculo. É uma acepção próxima a essa que encontramos descrita, por exemplo, no trabalho de Ferreira (2022: 9), sobre semântica formal, quando o autor afirma: "Abordagens formais se valem de ferramentas e métodos lógico-matemáticos na explicitação de seus conceitos, análises e explicações". Na mesma passagem, Ferreira (2022: 9) salienta ainda dois pontos importantes; o primeiro deles está mais diretamente ligado à semântica formal, mas pode ser estendido a abordagens formais em geral e tem a ver com a metalinguagem da qual a linguística formal se serve: "De fato, a semântica formal está enraizada em uma tradição lógico-filosófica em que a matemática tem um caráter instrumental importante". O segundo ponto é sobre o que pode ser investigado pela linguística formal, e, ainda segundo Ferreira (2022: 9), "A princípio, qualquer nível de análise linguística que manifesta significado, de afixos a textos, pode ser abordado com um viés formalista". Esse é um ponto muito importante, ao qual voltaremos algumas vezes.

Ao assumir que há fenômenos linguísticos que sistematicamente resultam de uma dada estrutura e das contribuições específicas dos itens que nela participam, as abordagens formais realizam abstrações diante de fatos concretos, particulares de língua, para chegar à estrutura que engendra tais fenômenos e aos aspectos relevantes dos itens que aparecem na estrutura investigada. Ou seja, a partir da ocorrência concreta de fenômenos linguísticos, buscam-se as condições mais gerais e abstratas que possibilitam tais fenômenos. Esse caráter bastante abstrato é certamente uma das marcas distintivas das abordagens formais, assim como o emprego de técnicas e de metalinguagem lógico-matemática. A razão para recorrer a uma metalinguagem desse tipo reside justamente na generalização que se almeja – a ideia é que as ferramentas lógico-matemáticas são também abstratas e gerais o suficiente para tratar dos aspectos formais relevantes.

Podemos encontrar uma definição de "formal" muito semelhante ao que descrevemos até aqui expressa na reflexão de Borges Neto (1997: 17), que merece ser citada em sua totalidade:

> Creio que a perspectiva formalista pode ser adequadamente caracteriza-da pela priorização que se dá ao estudo da linguagem humana enquanto "linguagem". Os formalistas estudam as línguas naturais para entendê-la enquanto uma linguagem, isto é, enquanto um conjunto de formas que se relacionam entre si numa sintaxe, que se relacionam com objetos do mundo (mundo "objetivo" ou mundo "mental") numa semântica, e que servem para que os falantes "digam coisas", expressem seus "sig-nificados" (pragmática). Algumas teorias restringem-se aos aspectos sintáticos (teoria chomskiana, por exemplo), outras abordam também os aspectos semânticos e pragmáticos. O que as reúne sob o rótulo de "formalistas" nada tem a ver com essa delimitação de domínio, mas tem a ver com a compreensão dos fatos linguísticos enquanto manifestações de um "objeto" autônomo, que preexiste a esses fatos (seja como um objeto "mental", como quer Chomsky; seja com um objeto "abstrato", como quer Montague), que é a linguagem humana. Assim, desde que assumida essa perspectiva, é possível uma semântica, uma pragmática, uma sociolinguística ou uma psicolinguística formalista.

Podemos então concluir, seguindo Borges Neto (1997), que trabalhar numa vertente formalista, em linguística, significa, antes de mais nada, lançar uma perspectiva sobre os fenômenos linguísticos: eles podem ser entendidos e ex-plicados por alguma estrutura abstrata que os possibilita – veremos exemplos dessa estratégia na sequência deste texto. Além disso, vemos novamente, como também aparece na citação de Ferreira (2022), que essa perspectiva sobre os fenômenos linguísticos não recorta necessariamente nenhum domínio, ou seja, ser formalista não significa automaticamente fazer sintaxe, nem fazer semântica, nem pragmática ou mesmo fonologia ou sociolinguística, pois é possível, em princípio, ser formalista no sentido de adotar uma perspectiva específica sobre como explicar fenômenos linguísticos, trabalhando em diversas áreas e níveis de análise linguística.

Também é importante ter em mente que a abstração que uma abordagem formalista faz ao procurar explicar um dado fenômeno deixa de fora, por conta de sua metodologia de análise e compromissos teóricos, diversos fatores ligados ao contexto e aos falantes, pois o seu foco é a estrutura linguística. É por isso que abordagens formais não são, em geral, boas ferramentas para lidar com fenômenos que envolvem particularidades contextuais e/ou sócio-históricas específicas, justamente porque essas particularidades não são gerais, recorrentes ou repetíveis.

Essa breve descrição pode ajudar a vislumbrar o tipo de fenômeno que a linguística formal estuda, tema da seção seguinte.

O QUE A LINGUÍSTICA FORMAL ESTUDA?

Como acabamos de observar, não é correto associar a linguística formal a uma única área de investigação ou mesmo a um único nível de análise linguística. Há formalistas trabalhando com sintaxe, sociolinguística, semântica, pragmática, entre outras áreas e suas interfaces, notadamente a linguística computacional. A nosso ver, é mais interessante (e adequado) entender qual é o tipo de fenômeno que interessa e que pode ser mais adequadamente explicado por abordagens formalistas. Contudo, antes de mais nada, é imprescindível dizer que nenhuma abordagem linguística – formalista, funcionalista, discursiva, enunciativa, cognitivista etc. – dá conta da totalidade do que estamos dispostos a considerar "fenômenos linguísticos". Assim sendo, não é justo exigir da linguística formal a explicação de fenômenos que ela não se propõe a analisar, e o mesmo vale, *mutatis mutandis*, para outras abordagens, pois cada uma delas recorta o que considera um fenômeno que consegue investigar. Dito em outras palavras, há fenômenos que "escapam" à linguística formal, do mesmo modo que há fenômenos que "escapam" à linguística cognitiva ou à linguística do discurso, por exemplo.

Sendo assim, que tipo de fenômeno pode estar no escopo de uma abordagem formalista? De modo geral, qualquer fenômeno linguístico, em qualquer nível de análise ou interface, cuja ocorrência sistemática, regular e previsível possa ser associada a alguma estrutura linguística abstrata e a características dos elementos que aparecem nessa estrutura. Portanto, cabem nessa definição fenômenos tipicamente sintáticos, semânticos, fonológicos, condicionadores internos de fenômenos de variação, e também vários tipos de raciocínios pragmáticos, para citar algumas das possibilidades.

Antes de passar a exemplos de análises formais, é interessante se perguntar sobre os dados que os formalistas usam: como eles são coletados?

Em princípio, qualquer estratégia de compilação de dados é compatível com abordagens formais – podem ser dados de introspecção, dados presentes em *corpora*, retirados de mídias sociais ou mesmo dados colhidos por meio de entrevistas. É certo que o recurso a dados de introspecção é o mais comumente associado à linguística formal; isso se dá porque, em geral, os formalistas buscam dados bastante específicos, cujo papel é testar se determinada generalização se aplica ou não aos dados, e esse tipo de material nem sempre é fácil de ser encontrado em produções linguísticas espontâneas; porém, como dissemos, nada impede que se recorra a outros tipos de dados, desde aqueles retirados de bancos até os recolhidos em experimentos. De fato, importa mais considerar que o fenômeno pode ser gerado por determinada estrutura e pelos elementos que dela participam do que a origem dos dados. Sendo assim, passemos a alguns casos de análise.

Investigar, por exemplo, quando a palavra "não" é realizada como /nũ/ é algo que pode ser feito dentro de uma abordagem formal, e, como veremos, é um fenômeno que se situa na fronteira entre morfossintaxe, fonética e fonologia, e sociolinguística. Com um pouco de simplificação, podemos dizer que "não" pode ser realizado como /nũ/ somente quando aparece antes de verbos ou de pronomes clíticos. Considere os exemplos a seguir (lembrando que "*" indica que a forma em questão não é aceita pelos falantes):

não sei, não → / nũ / sei, não (mas não "/nũ / sei, */nũ/")
não me diga isso → /nũ/ me diga isso
uma pessoa não binária → uma pessoa */nũ/ binária

Podemos tornar essa descrição ainda mais enxuta usando uma metalinguagem mais abstrata (ou, nesse caso, mais formal) como a seguir, em que "V" representa um verbo qualquer e "cl" um pronome clítico, e o parêntese representa que algo é opcional:

não (cl) V → /nũ/ (cl) V

Qualquer outra configuração morfossintática vai preservar a pronúncia /nãw/ para "não". Como podemos ver, com uma única regra bastante geral podemos dar conta de uma infinidade de casos. A alteração da realização de "não" é, provavelmente, resultado da previsibilidade da posição de sua ocorrência, em geral antes do verbo (em sua forma finita), e, por conta disso, pode sofrer uma redução na sua pronúncia – pode até ser o caso que, antes do verbo, "não" perca

90 A linguística hoje

seu acento e se transforme num prefixo verbal de negação, e assim esbarramos em considerações também fonético-fonológicas e morfológicas, e mesmo em considerações sobre gramaticalização (ou seja, nesse exemplo, a criação de um prefixo a partir de um item lexical). Finalmente, a possibilidade de "não" ser realizado como /nũ/ nos ambientes estruturais descritos é restrito por condicionadores sociolinguísticos, como o grau de escolaridade, de formalidade da fala, e também da mídia usada – a realização /nũ/ está certamente muito mais presente na fala do que na escrita.

A ambiguidade que surge em certas configurações sintático-semânticas também é um bom exemplo de fenômeno investigado por abordagens formalistas, justamente por ser gerada e poder ser entendida pela estrutura que a engendra e pelo papel dos itens que dela participam. Tomemos o exemplo a seguir:

(1)   João não chegou atrasado de novo.

Essa sentença é ambígua em dizer que João não chegou atrasado novamente, ou em dizer que João já chegou atrasado antes, mas não dessa vez. Essas duas interpretações podem ser capturadas como a seguir, em que DN representa "de novo" e N, "não":

(1a)   DN(N(João chegou atrasado)) – de novo, não é verdade que João chegou atrasado, ou seja, mais uma vez, João não chegou atrasado;
(1b)   N(DN(João chegou atrasado)) – não é verdade que, de novo, João chegou atrasado, ou seja, João já chegou atrasado antes, mas não dessa vez.

Há pelo menos dois pontos interessantes a serem notados aqui. Em primeiro lugar, a ambiguidade pode ser descrita com relação à posição em que "de novo" e "não" são interpretados – há uma interpretação específica para cada ordem, como as paráfrases em (1a) e (1b) demonstram. Em segundo lugar, se essa ambiguidade surge por conta da presença desses dois itens, então podemos imaginar que em outras sentenças nas quais eles apareçam também encontraremos a mesma ambiguidade. E, de fato, é isso o que vemos com os exemplos seguintes:

(2)   Maria não ganhou na loteria de novo.
(3)   João não tropeçou na escada de novo.
(4)   A chuva não alagou a cidade de novo.

Note que as sentenças de (2) a (4) têm a mesma ambiguidade detectada em (1). Isso significa que podemos também abstrair o conteúdo sobre o qual atuam "de novo" e "não", e, com alguma simplificação, chegar assim a uma fórmula como:

(5)   qualquer sentença S que contenha N e DN pode ser interpreta como DN(N(S)) ou como N(DN(S))

Temos em (5) uma grande abstração que lida com um número potencialmente ilimitado de sentenças do português. Generalizações desse tipo são, via de regra, o objeto de abordagens que se identificam com a linguística formal.

Ainda nos estudos semânticos, podemos considerar verbos como "continuar (a)" e "parar (de)": sempre que esses verbos aparecem numa dada sentença, vão disparar uma pressuposição, ou seja, *grosso modo*, vão exigir que certa informação seja verdadeira no contexto em que esses verbos são usados. Podemos ver esse fenômeno ao comparar as sentenças abaixo:

(6)   João toca piano.
(6a)   João continua a tocar piano.
(6b)   João parou de tocar piano.

Ao passo que (6) simplesmente fornece a informação de João toca piano, (6a) e (6b) pressupõem que João já tocava piano antes, pois só é possível continuar ou parar de tocar piano se já se tocava antes. Simplificando um pouco as coisas, essa dinâmica acontecerá, como dissemos, em qualquer sentença que contenha esses verbos.

Dado o que vimos, podemos concluir repetindo o que dissemos antes: qualquer fenômeno linguístico sistemático, regular e previsível pode ser, em princípio, objeto de estudos da linguística formal.

QUAIS SÃO AS GRANDES LINHAS DE INVESTIGAÇÃO?

Tradicionalmente, ao pensarmos em linguística formal, o que mais rapidamente vem à mente são as áreas da sintaxe e da semântica, apesar de não serem as únicas linhas da linguística, como vimos, que podem lançar mão de uma perspectiva formalista. É certo que muitos fenômenos sintáticos e semânticos se dão facilmente a uma abordagem formal, devido à sua sistematicidade, repetibilidade e previsibilidade, mas podemos também pensar em pragmática formal, que investiga os raciocínios pragmáticos chamados de "generalizados", e também em investigações sobre a estrutura morfológica e fonológica das línguas naturais, passando ainda por estudos sobre a estrutura de textos, como a progressão temática (anáforas e catáforas) e a progressão temporal em narrativas.

O primeiro passo nos estudos em linguística formal se dá com a identificação de um dado fenômeno que é sistemático e repetível e procede com a busca pelas bases mínimas que os possibilitam, alcançando assim um alto grau de abstração, como vimos com os exemplos anteriores. Desse modo, em linhas bem gerais, o estudo de fenômenos sintáticos, semânticos, fonético-fonológicos, morfológicos, entre vários outros podem ser desenvolvidos dentro da linguística formal. A gama de fenômenos é imensa e ela é, a meu ver, mais bem entendida pelas características daquilo que é investigado do que, por exemplo, através de uma lista de casos.

QUE ESTUDOS PODEM SER DESENVOLVIDOS COM A LINGUÍSTICA FORMAL?

Nos estudos sobre o português brasileiro (PB) em particular, há uma vasta quantidade de fenômenos que podem ser estudados sob uma abordagem formalista. Como dissemos, uma lista talvez não seja a melhor maneira de capturar as possibilidades do que pode ser investigado na linguística formal, mas talvez possa servir como exemplo do que foi e tem sido feito no Brasil – e, claro, os exemplos não esgotam as possibilidades e são apenas uma amostra superficial.

Um bom lugar para começar a olhar a atuação da linguística formal são os estudos sobre as peculiaridades estruturais do PB frente a outras variedades de português; esse tipo de investigação constitui uma área muito importante dos estudos formais em sintaxe, semântica, morfologia, fonética e fonologia. É nesse sentido que há muitos estudos sobre o objeto nulo do PB, exemplificado abaixo com "Ø", que representa que não se pronuncia o objeto do verbo "ler", que é, nesse caso, o livro comprado por João:

(7)   João comprou o livro e leu Ø.

Em outras variedades de português, como o português europeu, a presença explícita de um pronome é obrigatória (João comprou um livro e *o* leu) – como e por que o PB permite uma estrutura como (7)?

Há também vários estudos sobre construções que, aparentemente, não seguem a ordem sintática canônica SVO, como a seguir, e que podem exemplificar estruturas de tópico e comentário – uma organização sintática diferente de SVO (sujeito-verbo-objeto):

(8)   Essa casa bate muito sol.

(9)   O pneu da bicicleta furou.

Ainda na sintaxe, podemos pensar nas diferentes estratégias de estruturas com orações relativas e interrogativas do PB, entre inúmeros outros casos.

Do ponto de vista semântico, os usos do chamado "singular nu" ainda são tema de muitas pesquisas e levantam várias questões sobre a estrutura e as interpretações no PB (cf. Pires de Oliveira, 2014, entre várias outras pesquisas sobre o tema) – note como, nos exemplos a seguir, o item "criança" não pode ser classificado como singular (se singular significar "apenas uma criança") nem como plural (se plural significar "mais de uma criança"), justamente porque podemos usar essa sentença se o falante viu uma, duas, ou vinte crianças na rua:

(10)   Eu vi criança na rua ontem.

Mais recentemente, temas como palavrões, interjeições (Basso e Teixeira, 2019), intensificação, dupla negação, mudança semântica (cf. Ilari e Basso, 2020), entre incontáveis outros assuntos, são atualmente pesquisados dentro da linguística formal no Brasil. A estrutura fonológica e morfológica do PB, bem como as mudanças pelas quais elas passa, é também alvo de abordagens formais.

Como esperamos mostrar, ainda que breve e superficialmente, a área de estudos da linguística formal no Brasil é muita rica, viva e diversificada, abarcando inúmeros interesses de pesquisa.

O QUE EU PODERIA LER PARA SABER MAIS?

Não é comum contarmos especificamente com algo como uma "introdução à linguística formal" ou um "manual de linguística formal", mas é possível se aprofundar nos contornos das teorias formais com materiais que lidam com temas específicos, como sintaxe, semântica ou pragmática formais. Nesse sentido, o leitor interessado pode, por exemplo, consultar sobre semântica, entre

94 A linguística hoje

vários outros, os seguintes materiais: *Semântica formal: uma breve introdução*, de Roberta Pires de Oliveira, *Curso de semântica formal* e *Semântica: uma introdução ao estudo formal do significado*, ambos de Marcelo Ferreira – esses livros, com diferentes graus de aprofundamento, dão uma boa ideia do que significa pesquisa em semântica formal e do que trata a linguística formal de modo mais amplo.

São inúmeras as introduções à sintaxe que se enquadram em abordagens formais, e não temos como fazer justiça a todas elas aqui, mas cabe citar, entre outras, *Novo manual de sintaxe*, de Carlos Mioto et al., *Sintaxe gerativa: uma introdução à cartografia sintática*, de Aquiles Tescari Neto, *Teoria X-barra: descrição do português e aplicação computacional*, de Gabriel de Ávila Othero – trata-se de obras com diferentes graus de detalhamento, mas todas inseridas num quadro formal.

Sobre pragmática, é interessante citar os livros *Arquitetura da conversação: teoria das implicaturas*, de Roberta Pires de Oliveira e Renato Miguel Basso, bem como o trabalho fundamental de Stephen Levinson, *Pragmática*.

Há ainda os volumes da coleção "Para conhecer" que versam sobre sintaxe (Eduardo Kenedy e Gabriel de Ávila Othero), semântica (Ana Quadros Gomes e Luciana Sanchez-Mendes), morfologia (Alessandro Boechat de Medeiros e Maria Cristina Figueiredo Silva), pragmática (Luiz Arthur Pagani e Luisandro Mendes de Souza), fonética e fonologia (Izabel Christine Seara et al.) – todos, de alguma forma, ou estão inseridos, ou dialogam com a linguística formal. Do mesmo modo, a coleção "Linguística para o Ensino Superior" traz volumes sobre sintaxe (Mário Alberto Perini), semântica (Celso Ferrarezi Jr.), morfologia (Carlos Alexandre Gonçalves), prosódia (Plínio A. Barbosa), entre outros. Finalmente, os livros *Semântica, semânticas: uma introdução* (Celso Ferrarezi Júnior e Renato Basso), *Sintaxe, sintaxes: uma introdução* (Gabriel de Ávila Othero e Eduardo Kenedy) e alguns dos outros que compõem essa série dão um bom panorama das possibilidades da linguística formal. Como é possível ver, felizmente, há muitas vias de entrada para os estudos em linguística formal atualmente no Brasil.

Notas

[1] Gostaria de agradecer as leituras atenciosas e as sugestões de Valdir do Nascimento Flores, Gabriel de Ávila Othero e Maurício Resende.

[2] Essas perspectivas são tratadas em outros capítulos deste livro.

Referências

BARBOSA, P. A. *Prosódia* (Linguística para o Ensino Superior). São Paulo: Parábola, 2019.

BORGES NETO, J. Formalismo versus funcionalismo nos estudos linguísticos. *Anais do I Encontro do CelSul*. v. 1, 1997.

FERRAREZI JR., C. *Semântica* (Linguística para o Ensino Superior). São Paulo: Parábola, 2019.

FERRAREZI JR., C.; BASSO, R. (orgs.). *Semântica, semânticas*: uma introdução. São Paulo: Contexto, 2013.

FERREIRA, M. *Curso de semântica formal*. Berlin: Language Science Press, 2019.

FERREIRA, M. *Semântica*: uma introdução ao estudo formal do significado. São Paulo: Contexto, 2022.

GONÇALVES, C. A. *Morfologia* (Linguística para o Ensino Superior). São Paulo: Parábola, 2019.

ILARI, R.; BASSO, R. M. (orgs.) *História semântica do português brasileiro*. São Paulo: Contexto, 2020.

KENEDY, E.; OTHERO, G. A. *Para conhecer sintaxe*. São Paulo: Contexto, 2018.

LEVINSON, S. *Pragmática*. São Paulo: Martins Fontes, 2007.

MIOTO, C. et al. *Novo manual de sintaxe*. São Paulo: Contexto, 2013.

OTHERO, G. A. *Teoria X-barra*: descrição do português e aplicação computacional. São Paulo: Contexto, 2006.

OTHERO, G. A.; KENEDY, E. *Sintaxe, sintaxes*: uma introdução. São Paulo: Contexto, 2015.

PAGANI, L. A. P.; MENDES DE SOUZA, L. *Para conhecer pragmática*. São Paulo: Contexto, 2022.

PERINI, M. A. *Sintaxe* (Linguística para o Ensino Superior). São Paulo: Parábola, 2019.

PIRES DE OLIVEIRA, R. *Semântica formal*: uma breve introdução. Campinas: Mercado de Letras, 2001.

PIRES DE OLIVEIRA, R. Formalismos na linguística: uma reflexão crítica. In: MUSSALIM, F.; BENTES, A. C. (orgs.). *Introdução à linguística*: fundamentos epistemológicos. São Paulo: Cortez, 2004.

PIRES DE OLIVEIRA, R. *Dobras e redobras*: do singular nu no português brasileiro – costurando a semântica entre as línguas [recurso eletrônico]. Porto Alegre: EDIPUCRS, 2014.

PIRES DE OLIVEIRA, R.; BASSO, R. M. B. *Arquitetura da conversação*: teoria das implicaturas. São Paulo: Parábola, 2014.

QUADROS GOMES, A. P.; SANCHEZ-MENDES, L. *Para conhecer semântica*. São Paulo: Contexto, 2018.

SEARA, I. C. et al. *Para conhecer fonética e fonologia do português brasileiro*. São Paulo: Contexto, 2015.

SILVA, M. C. F.; MEDEIROS, A. B. de. *Para conhecer morfologia*. São Paulo: Contexto, 2016.

TESCARI NETO, A. *Sintaxe gerativa*: uma introdução à cartografia sintática. Campinas: Editora da Unicamp, 2021.

Linguística funcional

Angélica Furtado da Cunha

O QUE É A LINGUÍSTICA FUNCIONAL?

A linguística funcional é um modelo teórico que tem por objetivo descrever, analisar e interpretar a língua com base nos usos que dela fazem os falantes nas diversas interações comunicativas de que participam. Sob o enfoque dessa abordagem, o estudo da língua é concomitante ao estudo da situação comunicativa, que compreende o propósito do ato de fala (informar, perguntar, ordenar etc.), a interação entre os participantes (relação social entre eles, grau de conhecimento compartilhado etc.) e o contexto discursivo (informação dada no discurso antecedente, informação importante *versus* informação periférica etc.). Desse modo, o funcionalismo representa uma tentativa de explicar a forma ou a estrutura da língua por meio do uso que se faz dela. Se a função mais importante da língua é a contínua interação entre as pessoas, que se alternam como falantes e ouvintes, essa função deve, de algum modo, condicionar a forma do código linguístico.

Essa corrente abriga diferentes vertentes, que, em geral, são identificadas por meio dos linguistas que lhes deram origem. Assim, temos a linguística sistêmico-funcional, desenvolvida por Michael Halliday na Inglaterra e, posteriormente, na Austrália, a gramática discursivo-funcional, inaugurada por Simon Dik na Holanda, e a linguística funcional norte-americana, desenvolvida na costa oeste dos Estados Unidos, de inspiração em Talmy Givón, Wallace Chafe, Sandra Thompson, Paul Hopper, Joan Bybee, entre outros. Neste capítulo, vamos nos referir apenas à linguística funcional norte-americana.

O funcionalismo surge na Europa como um movimento particular dentro do estruturalismo, mais especificamente, no Círculo Linguístico de Praga, por volta de 1926. Os linguistas da Escola de Praga se interessavam pela função das unidades linguísticas em diversos níveis. Na sintaxe, analisaram o papel

98 A linguística hoje

que a estrutura da oração desempenha em determinado contexto discursivo, em termos da informação que a organização das palavras na oração veicula.

Nos Estados Unidos, um dos precursores da abordagem funcionalista norte-americana é Dwight Bolinger, o qual, em meados do século XX, chama a atenção para o fato de que fatores pragmáticos, referentes ao uso da língua, operam em determinados fenômenos linguísticos estudados pelos estruturalistas e gerativistas.

As análises linguísticas explicitamente classificadas como funcionalistas começam a se multiplicar na costa oeste dos Estados Unidos por volta de 1975. O funcionalismo segue o pressuposto básico de que a forma da língua resulta da função a que ela serve nas diversas situações de interação verbal. Nessa linha, uma dada estrutura da língua não pode ser proveitosamente estudada, descrita ou explicada sem referência à situação comunicativa em que é empregada, o que, diga-se de passagem, caracteriza as três vertentes funcionalistas mencionadas anteriormente.

Segundo a visão funcionalista, há um estreito vínculo entre discurso e gramática, que interagem e se influenciam mutuamente. A sintaxe é vista como o resultado da regularização de estratégias discursivas recorrentes, na linha de Givón (2012 [1979]), que defende que a linguagem humana evoluiu do modo pragmático para o modo sintático. Nesse sentido, a forma da gramática é motivada pelas estratégias de organização da informação que os falantes utilizam quando se comunicam. Entendemos "discurso" como o uso criativo da língua em contextos de comunicação; por sua vez, a gramática é tida como uma estrutura em constante mutação e adaptação, em consequência das eventualidades do discurso.

Essa concepção de sintaxe corresponde às noções de gramática emergente (Hopper, 1987) ou sistema adaptativo complexo (Du Bois, 1985; Bybee, 2016). Convivem, ao mesmo tempo, padrões mais ou menos regulares e outros que surgem em virtude de necessidades cognitivas e/ou comunicativas (Givón, 2001; Bybee, 2016). A língua é, pois, uma estrutura plástica, dinâmica, já que surge da adaptação de habilidades cognitivas humanas a eventos de comunicação específicos e se desenvolve com base na repetição desses eventos. Desse modo, a análise dos dados linguísticos deve levar em conta o uso da língua em situação concreta de intercomunicação, visto que é nesse espaço que a gramática é constituída.

O texto considerado pioneiro no desenvolvimento das ideias da escola funcionalista norte-americana é *The origins of syntax in discourse* [As origens da sintaxe no discurso] (Sankoff e Brown, 1976). Nesse trabalho, as autoras apontam as motivações discursivas geradoras das estruturas sintáticas do tok pisin, língua de origem pidgin de Papua-Nova Guiné. Em 1979, Talmy Givón, inspirado pelas descobertas de Sankoff e Brown, publica o artigo *From discourse to syntax – grammar as a processing strategy* [Do discurso à sintaxe – gramática como uma estratégia processual], no qual afirma que a sintaxe existe para desempenhar uma certa função, e é essa função que determina a sua maneira de ser. Os trabalhos de Givón se caracterizam pela busca de parâmetros substantivos, isto é, motivados comunicativa ou cognitivamente, para a explicação de fatos gramaticais.

Se ainda não há uma teoria gramatical funcionalista completa e unificada, há uma quantidade expressiva de análises funcionalistas, tanto do inglês como do português. Alguns linguistas norte-americanos, como Givón, Thompson e Hopper sobressaem pelos seus trabalhos individuais. No Brasil, esses estudos começaram em meados de 1980, na Universidade Federal do Rio de Janeiro, introduzidos por Sebastião Votre e Anthony Naro, professores dessa instituição. Coube a Votre a criação do grupo de estudos Discurso & Gramática (D&G), atualmente com sedes na UFRJ, na UFRN e na UFF. Esse grupo vem discutindo questões teóricas e práticas relativas a essa área da linguística, com várias publicações que têm servido de referência para pesquisas funcionalistas na vertente norte-americana.

Mais recentemente, o D&G tem incorporado em seus trabalhos contribuições teórico-metodológicas da gramática de construções, resultando em nova orientação denominada linguística funcional centrada no uso (LFCU). Nessa direção, os fenômenos investigados ultimamente têm recebido um tratamento que conjuga princípios e conceitos operacionais da vertente funcionalista clássica (na linha de Givón, Hopper, Thompson, Bybee, Traugott e outros) e da visão cognitivista da linguagem, em especial, a abordagem construcionista desenvolvida por Adele Goldberg, William Croft, Graeme Trousdale e Martin Hilpert, entre outros (Furtado da Cunha, Bispo e Silva, 2013; Rosario e Oliveira, 2016).

O QUE A LINGUÍSTICA FUNCIONAL ESTUDA?

Os pesquisadores que se orientam pela linguística funcional norte-americana estudam diferentes manifestações linguísticas nos níveis morfológico e sintático. De um modo geral, sua agenda de pesquisa inclui a investigação de temas relacionados à criação e à regularização de padrões no nível da oração e do discurso. Entre os temas de maior interesse, podem ser citados os processos de variação e mudança linguísticas, que se dão tanto na dimensão sincrônica como na diacrônica, associados ao plano da forma e do conteúdo.

No estudo da sintaxe, a metodologia tradicional consiste na análise do significado e da estrutura de orações isoladas. Os linguistas funcionalistas questionam a validade desse tipo de análise, que exclui falante, ouvinte e contexto discursivo das orações. A pesquisa funcionalista tem como ponto de partida dados empíricos de uso real da língua em textos falados e/ou escritos, inseridos em contextos efetivos de comunicação.

Do ponto de vista metodológico, os trabalhos desenvolvidos sob esse referencial teórico adotam uma análise essencialmente qualitativa com suporte quantitativo, a fim de evidenciar tendências de uso. Com esse objetivo, mensuramos a frequência de ocorrência do objeto de estudo em foco, quantificando, em termos absolutos e percentuais, a recorrência dos fatores linguísticos selecionados para a análise. Do ponto de vista qualitativo, procuramos identificar e interpretar funções semântico-cognitivas e discursivo-pragmáticas implicadas nos fenômenos sob investigação. Interessa-nos, portanto, observar as diferentes motivações funcionais em jogo e avaliar o efeito de cada uma delas na configuração concreta do objeto de estudo. Focalizando o exame de casos de variação e mudança linguísticas, seguimos uma perspectiva de natureza pancrônica, que abarca sincronia e diacronia, na tentativa de resgatar um determinado estado de língua, bem como flagrar processos de mudança em curso.

Para explicar os fenômenos gramaticais, os funcionalistas utilizam uma série de parâmetros explanatórios substantivos (em oposição a formais), de natureza comunicativa ou cognitiva. Entre estes, destacamos informatividade, contrastividade, iconicidade, marcação e plano discursivo (Furtado da Cunha, Oliveira e Martelotta, 2015).

Além desses temas, pesquisadores funcionalistas brasileiros têm-se ocupado de questões relativas ao ensino de língua materna, com interesse especial na formação de professores da educação básica. Para tanto, apresentam propostas de aplicação de resultados das reflexões teóricas empreendidas em contextos de sala de aula. Com base nos produtos de suas pesquisas, objetivam fornecer um conhecimento sobre o funcionamento da língua que vai além do plano conceitual.

QUAIS SÃO AS GRANDES LINHAS DE INVESTIGAÇÃO?

De um modo geral, a pesquisa funcionalista praticada no Brasil está interessada na análise de estratégias discursivas recorrentes que se regularizam e passam a constituir a gramática da língua. Nesse sentido, volta-se para estudos que focalizam a função que as formas linguísticas desempenham no uso efetivo da língua, com especial interesse nos processos de variação e mudança linguísticas. Um dos objetivos é identificar fatores semântico-pragmáticos e cognitivos que motivam o surgimento e o uso de padrões estruturais. Essa linha de pesquisa é de cunho mais teórico-metodológico, visto que os resultados produzidos contribuem para o fortalecimento e refinamento do modelo funcionalista, ao mesmo tempo que fornece descrições, análises e interpretações de variados fenômenos morfossintáticos do português brasileiro e as motivações cognitivas e comunicativas presentes na interação verbal. Alguns dos fenômenos estudados referem-se à estrutura argumental e transitividade (Hopper e Thompson, 1980; Furtado da Cunha, 2006; Furtado da Cunha e Silva, 2018); aspectos funcionais na codificação da oração (Givón, 1995; Votre, 2000; Furtado da Cunha, 2001;. Bispo, 2014); elementos organizadores do texto no que se refere, por exemplo a informatividade, plano discursivo, cadeia tópica (Givón, 1984; Naro e Votre, 1992; Martelotta, 1998).

Uma outra linha de pesquisa tem uma natureza mais aplicada, contemplando as possibilidades de aplicação dos princípios e categorias funcionalistas no ensino do português. Seus pesquisadores buscam articular, de forma sistemática, os achados dos estudos de base funcionalista a uma proposta para o ensino de língua. Sendo assim, pode-se pensar tanto em termos de proposições e encaminhamentos para o trabalho docente propriamente dito como na produção de material didático para utilização em sala de aula. Nessa linha, apontamos os trabalhos de Oliveira e Cezario (2007), Bispo (2007), Furtado da Cunha, Bispo e Silva (2014), Furtado da Cunha e Tavares (2016), Bispo e Silva (2020), e Oliveira e Wilson (2022).

QUE ESTUDOS PODEM SER DESENVOLVIDOS COM A LINGUÍSTICA FUNCIONAL?

Para ilustrarmos uma pesquisa na área da linguística funcional norte-americana, tomemos o fenômeno da transitividade. Para a gramática tradicional, a transitividade é uma propriedade categórica do verbo, que pode ser classificado como transitivo ou intransitivo. Em outras palavras, a classificação de um verbo como transitivo ou intransitivo se apoia na presença ou na ausência de um sintagma nominal objeto (critério sintático) exigido pelo significado do verbo (critério semântico). Segundo a linguística funcional,

102 A linguística hoje

a transitividade é concebida como a transferência de uma atividade de um agente para um paciente, de modo que uma oração transitiva prototípica expressa uma atividade em que um sujeito animado, intencional, causa uma mudança no estado ou na localização do paciente, afetando-o. Nessa perspectiva, a transitividade é uma propriedade contínua, gradiente, de toda a oração, e não apenas do verbo. É na oração que se podem observar as relações entre o verbo e seus argumentos, nesse caso, o sujeito/agente e o objeto direto/paciente afetado. Essas relações se espraiam pela oração como um todo, de maneira que a transitividade pode ser decomposta em suas partes componentes, cada uma delas focalizando uma faceta da transferência de uma ação de um participante para outro em uma porção diferente da oração, como propõem Hopper e Thompson (1980). Assim, o grau de transitividade de uma oração resulta da análise de diferentes parâmetros semânticos e morfossintáticos independentes, mas articulados. Esses autores associam a transitividade a uma função discursivo-comunicativa: o maior ou menor grau de transitividade de uma cláusula reflete a maneira como o falante estrutura o seu discurso para atingir seus propósitos comunicativos. Por refletirem elementos cognitivamente salientes, ligados ao modo pelo qual a experiência humana é apreendida, os parâmetros da transitividade assinalam elementos salientes no discurso.

Os parâmetros (num total de dez) dizem respeito à quantidade de participantes (um *vs.* mais de um), à cinese (ação *vs.* não ação), ao aspecto (perfectivo *vs.* não perfectivo) e à pontualidade do verbo (pontual *vs.* não pontual), à intencionalidade (intencional *vs.* não intencional) e à agentividade do sujeito (agentivo *vs.* não agentivo), à polaridade (afirmativa *vs.* negativa) e à modalidade da oração (modo *realis vs.* modo *irrealis*), ao afetamento (afetado *vs.* não afetado) e à individuação do objeto (individuado *vs.* não individuado). Quanto mais positivamente forem marcados os parâmetros em uma dada oração (considerando-se os pares contrastivos de traços), mais alta ela será posicionada na escala da transitividade. Para melhor compreensão, apresentamos a seguir algumas ocorrências:

(1)   aí eu não podia dizer que tinha sido eu que tinha trancado ele... né... que foi que eu fiz... *joguei a chave no lixo*... e saí feito uma louca... na escola... procurando o diretor... (Furtado da Cunha, 1998: 51)

(2)   ... num era aquele momento de ficar em Porto Alegre... então *eu cheguei no aeroporto*... peguei... pela primeira vez eu vi minhas malas... (Furtado da Cunha, 1998: 101)

(3)   ... eu tava com muita fome porque eu num tinha comido muito bem no avião... então *a Rodoviária de Porto Alegre tem umas lanchonetes assim super apetitosas*... umas tangerinas... uns... uns bolos super transados... (Furtado da Cunha, 1998: 101)

A oração destacada em (1) localiza-se no ponto mais alto da escala de transitividade (grau 10), pois apresenta todos os traços de alta transitividade formulados por Hopper e Thompson (1980), ou seja, é marcada positivamente quanto aos parâmetros de cinese, perfectividade e pontualidade do verbo, polaridade e modalidade da oração, agentividade e intencionalidade do sujeito, afetamento e individuação do objeto, além de conter três participantes (*eu, a chave* e *no lixo*). Representa, pois, conforme a perspectiva givoniana, um evento transitivo prototípico. Em (2), a oração em destaque apresenta grau 9 na escala da transitividade, sendo marcada negativamente apenas para o traço afetamento do objeto. Por fim, a oração destacada em (3) possui grau 3 de transitividade, pois só apresenta os traços de polaridade afirmativa e modalidade *realis* da oração, além de dois participantes (*a Rodoviária de Porto Alegre* e *umas lanchonetes*).

Como se vê, no uso real da língua, nem todas as orações que são sintaticamente transitivas, ou seja, cujos verbos têm um objeto direto; são também semanticamente transitivas, isto é, esse objeto é um paciente afetado. Em vista disso, uma oração composta de sujeito + verbo + objeto direto pode exibir diferentes graus de transitividade, dependendo da natureza semântica do verbo, dos papéis semânticos que o objeto direto pode desempenhar e de características da oração. A noção revisitada e ampliada de transitividade, formulada pela linguística funcional norte-americana, é fundamental para o entendimento de como a gramática do verbo e seus argumentos se manifesta em textos reais produzidos em situação de comunicação.

O QUE EU PODERIA LER PARA SABER MAIS?

Para estudos complementares sobre a linguística funcional de vertente norte-americana, sugerimos as leituras presentes nas referências bibliográficas, que incluem os trabalhos citados ao longo deste capítulo.

104 A linguística hoje

Referências

BISPO, E. B. Oração adjetiva cortadora: análise de ocorrências e implicações para o ensino de português. *Linguagem & Ensino* (UCPel). v. 10, 2007.

BISPO, E. B. Orações relativas em perspectiva histórica: interface uso e cognição. *Veredas*. v. 18, 2014.

BISPO, E. B.; SILVA, L. M. Abordagem funcionalista da oração adjetiva: uma intervenção pedagógica no ensino fundamental. *Entrepalavras*. v. 10, n. 2, 2020.

BYBEE, J. *Língua, uso e cognição*. Trad. Maria Angélica Furtado da Cunha. São Paulo: Cortez, 2016.

DU BOIS, J. Competing Motivations. In: HAIMAN, J. (ed.). *Iconicity in syntax*. Amsterdam: John Benjamins, 1985.

FURTADO DA CUNHA, M. A. (org.). *Corpus Discurso & Gramática* – a língua falada e escrita na cidade do Natal. Natal: EDUFRN, 1998.

FURTADO DA CUNHA, M. A. O modelo das motivações competidoras no domínio funcional da negação. *DELTA*. v. 17, 2001.

FURTADO DA CUNHA, M. A. Estrutura argumental e valência: a relação gramatical objeto direto. *Gragoatá*. v. 17, 2006.

FURTADO DA CUNHA, M. A.; SOUZA, M. M. *Transitividade e seus contextos de uso*. São Paulo: Cortez, 2011.

FURTADO DA CUNHA, M. A.; BISPO, E. B. Relações sintático-semânticas da oração. In: PALOMANES, R.; BRAVIN, A. M. (orgs.). *Práticas de ensino do português*. São Paulo: Contexto, 2012.

FURTADO DA CUNHA, M. A.; BISPO, E. B.; SILVA, J. R. Linguística funcional centrada no uso: conceitos básicos e categorias analíticas. In: CEZARIO, M. M.; FURTADO DA CUNHA, M. A. (orgs.). *Linguística centrada no uso*: uma homenagem a Mário Martelotta. Rio de Janeiro: Mauad X/FAPERJ, 2013.

FURTADO DA CUNHA, M. A.; BISPO, E. B.; SILVA, J. R. Linguística funcional centrada no uso e ensino de português. *Gragoatá*. n. 36, 2014.

FURTADO DA CUNHA, M. A.; OLIVEIRA, M. R.; MARTELOTTA, M. E. (orgs.). *Linguística funcional*: teoria e prática. São Paulo: Parábola, 2015.

FURTADO DA CUNHA, M. A.; TAVARES, M. A. (orgs.). *Funcionalismo e ensino de gramática*. Natal: EDUFRN, 2016.

FURTADO DA CUNHA, M. A.; SILVA, J. R. Transitividade: do verbo à construção. *Revista Linguíʃtica*. v. 14, n. 1, 2018.

GIVÓN, T. From discourse to syntax: grammar as a processing strategy. In: *Syntax and semantics*: discourse and syntax. Nova York: Academic Press, 1979, v. 12.

GIVÓN, T. *Syntax*: a functional-typological introduction. Nova York: Academic Press, 1984, v. I.

GIVÓN, T. *Functionalism and grammar*. Amsterdam: John Benjamins, 1995.

GIVÓN, T. *Syntax*: an introduction. Amsterdam: John Benjamins, 2001, v. 1.

GIVÓN, T. *A compreensão da gramática*. Trad. Maria Angélica Furtado da Cunha, Mário Eduardo Martelotta e Filipe Albani. São Paulo: Cortez; Natal: EDUFRN, 2012.

HOPPER, P. Emergent grammar. *Berkeley Linguistic Society*. v. 13, 1987.

HOPPER, P.; THOMPSON, S. Transitivity in grammar and discourse. *Language*. v. 56, n. 2, 1980.

MARTELOTTA, M. E. *Figura e fundo*: uma proposta prática de análise. Rio de Janeiro: UFRJ, 1998.

NARO, A. J.; VOTRE, S. J. Mecanismos funcionais do uso da língua – função e forma. *DELTA*. v. 8, n. 2, 1992.

OLIVEIRA, M. R.; CEZARIO, M. M. PCN à luz do funcionalismo linguístico. *Linguagem & Ensino*. n. 10, 2007.

OLIVEIRA, M. R.; WILSON, V. (orgs.). *Discurso e gramática*: entrelaces e perspectivas. Curitiba: CRV, 2022.

ROSARIO, I. C.; OLIVEIRA, M. R. Funcionalismo e abordagem construcional da gramática. *ALFA*. v. 60, n. 2, 2016.

SANKOFF, G.; BROWN, P. The origins of syntax in discourse: a case study of Tok Pisin relatives. *Language*. v. 52, n. 3, Sep. 1976, pp. 631-666.

VOTRE, S. J. A perspectiva pancrônica da integração função-forma na sintaxe do português. *Cadernos do CNFL* (UERJ). n. 2, 2000.

Linguística geral

Valdir do Nascimento Flores
Gabriel de Ávila Othero

O QUE É A LINGUÍSTICA GERAL?

A expressão "linguística geral" está na base da constituição da linguística como disciplina autônoma, especialmente no contexto europeu – embora não apenas – da metade em diante do século XIX e de parte do século XX[1]. Por isso, não deixa de surpreender que Meillet, em uma aula inaugural no Collège de France em 1906 ("O estado atual dos estudos de linguística geral") apresente a ideia de "linguística geral" como uma novidade, já que ela estava bem estabelecida há pelo menos cerca de trinta anos. Na visão de Meillet, essa disciplina teria por objeto o conhecimento das leis universais, entendimento esse bastante inovador para a época e relativamente distante do comparativismo dos neogramáticos e mesmo das ideias de Ferdinand de Saussure (1857-1913), como veremos. Antes de Meillet, em 1867, Michel Bréal (1832-1915) já havia iniciado seu curso falando em uma "linguística geral".

Quando se quer entender o que significa a expressão "linguística geral", a questão principal que se apresenta é a que se refere à ideia de *generalização* nela presente, ou, como indagam Colombat, Fournier e Puech (2010: 209), "o que quer dizer 'geral' em linguística geral?". Para falar disso, é melhor voltar um pouco no tempo.

A partir da análise de um conjunto de obras de linguística geral, produzidas entre os anos 1871 e 1924, em alemão, inglês e francês[2], Auroux (2000: 435) conclui que o conceito de "linguística geral" não estava a essa época completamente estabelecido, de forma a receber um tratamento unitário que pudesse ser objeto de algum consenso. Inicialmente, a expressão até poderia ser vista como uma via de questionamento da gramática comparada, mas nem mesmo nesse aspecto há unanimidade, já que essa contestação poderia se dar ou pelo viés

106 A linguística hoje

da crítica à atenção privilegiada da gramática comparada aos estudos de base fonética – como é o caso da escola de Karl Vossler (1872-1949) e de Benedetto Croce (1866-1952) –, ou pelo viés da escola francesa, que questiona a ausência de maiores explicações aos fenômenos estudados na gramática comparada, o que se vê, por exemplo, com relação à famosa lei de Grimm, nos trabalhos de Bréal e, posteriormente, nos de Joseph Vendryes (1875-1960).

Conforme Normand (2000a: 442)[3], "a expressão 'linguística geral' oposta ou justaposta à linguística histórica, para designar uma reflexão unificante sobre a diversidade das línguas, não se tornará corrente senão após 1900". Segundo a autora, "a certeza de que é hora de constituir uma ciência geral da linguagem caracteriza esse período. [...] Ela pode tomar a forma de uma promessa, de um programa ou de um produto já acabado".

O certo é que, para Normand (2000a: 443), "não se pode fazer a história da linguística geral como se faz a da gramática geral ou a da gramática comparada, pois esse termo remete menos a uma totalidade empírica [...] do que à formulação de uma ideia". E isso em três sentidos: *ideia* de um projeto apenas esboçado e, às vezes, pontualmente desenvolvido, do qual se pode ter dúvidas quanto à realização; *ideia* "fixa", dada sua constante reiteração no contexto do final século XIX e início do XX, em especial na França, onde, no rastro do positivismo, a reflexão filosófica a respeito da ciência leva a pensar sobre uma prática, o que, por sua vez, conduz a entender *linguística* e *geral* como a associação ideal da prática de uma ciência e a filosofia dessa ciência; por fim, *ideia* porque a expressão revela mais um desejo difuso de teoria do que uma teoria precisa.

De todo modo, é incontestável que o termo "linguística geral" não tem, no desfecho do século XIX e mesmo no início do século XX, um significado inequívoco, que possa ser associado a algum consenso teórico-metodológico. Pelo contrário, a variedade de abordagens presentes nos estudos que o empregavam era tão vasta que certamente há dificuldades em tentar identificar um elemento comum entre eles. A considerável quantidade de trabalhos desse período, englobando sínteses, críticas, pesquisas históricas e comparações, muitos dos quais explicitamente adotavam o termo "linguística geral", combinada com a ausência de acordo quanto aos objetivos buscados, transforma a expressão "linguística geral" em um conceito de contornos pouco definidos.

Apesar de tudo isso – e mesmo que não sejamos completamente capazes de delinear um campo uniforme –, é importante notar que essa discussão no final do século XIX e início do XX resulta na formalização institucional da linguística. Normand (2000a: 447) explica que a tentativa de formulação de uma "ciência geral" ligada à linguística reflete e mesmo tenta resolver dificuldades que a prática dos linguistas deixa em suspenso, o que ela resume da seguinte maneira:

- Necessidade de esclarecer a relação da linguística com as outras ciências e com a filosofia. Para ser geral, a linguística deve tomar emprestado de outros os complementos ou mesmo o seu quadro teórico? Ele vai, e como, se destacar definitivamente da filosofia da linguagem?
- Necessidade de passar da descrição à explicação unificante, pois a observação dos fatos é muito pouco se somos incapazes de fornecer deles a explicação.
- Necessidade de rever os problemas legados pela tradição gramatical: os resultados obtidos pela descrição minuciosa dos fatos permitiriam retomar, sobre outras bases, as grandes questões das gramáticas gerais?
- Necessidade de reintroduzir a significação no estudo que, por quase um século, se quer estritamente formal: a linguística geral que entende tratar o todo da linguagem comporta os princípios de uma semântica?
- Necessidade de refletir sobre o método: podemos continuar, quando seguimos os modelos das ciências exatas, a acreditar apenas na observação direta dos fatos e a reduzir a teoria a um conjunto de técnicas?

Essas dificuldades, não necessariamente resolvidas pelos linguistas, oportunizam um confronto de opiniões de diferentes ordens, dando lugar a um objeto ainda difuso, embora sempre ligado à ideia de "generalidade" (Normand, 2000b: 449-450). Porém, pode-se dizer que há um tema bastante presente nessa época: a relação da linguística com as demais ciências (as "ciências conexas", dirá Saussure, no CLG). Por esse viés, dois problemas têm lugar: a individualização da linguística em relação às demais disciplinas que também se ocupam da linguagem humana e a relação da linguística com resultados já alcançados por essas disciplinas.

Ora, o contexto fortemente positivista do século XIX conduziu as disciplinas à delimitação de métodos e objetos e a situarem-se umas em relação às outras. Também a linguística deverá abordar o assunto. Assim, tanto no trabalho dos neogramáticos Hermann Osthoff e Karl Brugmann, como no do norte-americano William Dwight Whitney, vê-se um deslocamento da teoria do campo da natureza – em que a língua é vista como um ser vivo (o maior exemplo é Schleicher e sua *Stammbaumtheorie* [teoria da árvore genealógica], modelo de árvore genealógica das línguas, uma *língua-organismo*) – para o campo do social – em que a língua é vista como organização histórico-social, uma *língua-instituição social* –, o que se consolida com Meillet. Assim, apesar das diferenças de abordagem, a ideia ampla de uma "linguística geral" passa a ser, então, próxima das ciências ditas "humanas".

Por fim, Normand (2000c: 470) encaminha uma conclusão interessante: "a expressão *linguística geral* remete, essencialmente, a duas empreitadas diferentes: de síntese ou de fundamentos. Essa dualidade está ligada à dupla acepção de *geral* na reflexão teórica: generalização a partir dos dados coletados ou generalidade dos princípios de coleta dos dados". Na tentativa de esboçar uma espécie de "tipologia" dos linguistas com relação à ideia de "linguística geral", Normand propõe três grupos: (i) o grupo dos que acreditam poder, em algum momento, dominar o conjunto do conhecimento adquirido e sobre ele ter algum consenso (para levar adiante uma reflexão nesses termos seria necessário ampliar consideravelmente o quadro da linguística, o que incluiria a sociologia, a psicologia etc.) – estariam nesse grupo Whitney, Bréal, Paul, Meillet, Vendryes e Jespersen; (ii) o grupo dos que, mais ligados a uma certa "obsessão" filosófica dos fundamentos, propõem princípios, conceitos, pontos de vista etc. que permitem novos métodos e novos resultados – estariam nesse grupo Henry Sweet, Nikolay Kruszewski, Baudouin de Courtenay, Victor Henry, e Saussure; e, finalmente, (iii) o grupo dos que tentam reunir a síntese de resultados e as reflexões sobre os fundamentos – é o caso de Albert Sechehaye, Charles Bally, Leonard Bloomfield e Louis Hjelmslev.

O QUE A LINGUÍSTICA GERAL ESTUDA?

Para responder à questão do título, é necessário partir de uma constatação: no decorrer do século XX, a expressão "linguística geral" é bastante corrente e parece continuar a ser empregada sem grande unicidade de sentido, a exemplo do que se deu no século anterior. Apenas para ilustrar isso, vale lembrar que ela está presente no título de livros muito díspares entre si: a *Estética como ciência da expressão e linguística geral*, de Benedetto Croce, em 1902; o *Curso de linguística geral*, de Ferdinand de Saussure, em 1916; o *Linguística histórica e linguística geral*, de Antoine Meillet, em 1921; os *Elementos de linguística geral*, de Andrè Martinet, em 1960; os *Problemas de linguística geral I* e *II*, de Émile Benveniste, 1966 e 1974 respectivamente; os *Ensaios de linguística geral*, de Roman Jakobson, em 1963. No Brasil, encontramos a expressão nos *Princípios de linguística geral*, de Mattoso Camara Jr., publicado em 1942. Em cada um, o escopo de "linguística geral" parece assumir alguma particularidade. Daremos três exemplos a seguir.

Em *Estética como ciência da expressão e linguística geral*, escrito por Benedetto Croce:

resta justificar o subtítulo que acrescentamos ao título do nosso livro: *linguística geral*, para afirmar e deixar clara a tese de que a ciência da arte e a ciência da linguagem, a estética e a linguística, concebidas como verdadeiras ciências, não são duas coisas distintas, mas uma só. [...] a linguística geral, na medida em que contém o que é redutível à filosofia, nada mais é que estética. Quem quer que estude a linguística geral, isto é, a linguística filosófica, estuda problemas estéticos, e vice-versa (Croce, 2016: 147).

Trata-se, portanto, de aproximar linguística e filosofia estética (da "expressão"). Nessa direção, a língua é vista como "expressão" do homem. Ora, "é evidente que a linguística, assim estabelecida como um ramo da estética, teria que mudar inteiramente seus pontos básicos e seus métodos" (Camara Jr., 2021: 189).

Em Meillet: "a busca de leis gerais, tanto morfológicas quanto fonéticas, deve ser agora um dos principais objetos da linguística" (Meillet, 2020: 47). Essas "leis" decorrem da comparação entre as línguas – "o desenvolvimento linguístico obedece a leis gerais. A própria história das línguas basta para demostrar isso graças às irregularidades que nela observamos" (Meillet, 2020: 43). Mas não apenas isso, pois, "por sua própria definição, estas leis ultrapassam os limites das famílias de línguas: elas se aplicam à humanidade inteira" (Meillet, 2020: 47). Quer dizer, com Meillet, que estamos numa perspectiva de "generalização dos resultados" (Normand, 2000b: 453), a partir de descrições históricas particulares e de consideração à diversidade linguística.

Em Saussure e nos cursos de linguística geral: ora, como se sabe, Saussure sucede o filólogo Joseph Wertheimer (1833-1908) no ensino de linguística geral na Universidade de Genebra, em dezembro de 1906. A partir de então, ministra três cursos de linguística geral: o primeiro em 1907; o segundo entre 1908 e 1909; o terceiro entre 1910 e 1911. Como lembra (Normand, 2009b: 23), "Saussure não inventou a expressão 'linguística geral', talvez nem mesmo a tenha escolhido; sabe-se somente que o curso de que ele foi oficialmente encarregado em Genebra assim se intitulava. Era então uma expressão corrente". No livro *Curso de linguística geral* (CLG), Saussure fala pouco sobre o sintagma "linguística geral", embora delineie uma extensa reflexão sobre linguística *em geral*. No primeiro capítulo do CLG, ele limita-se a dizer que "os problemas fundamentais da linguística geral aguardam uma solução" (Saussure, 1975: 12).

Antes, porém, em uma carta enviada a Antoine Meillet, datada de 4 de janeiro de 1894, ele confessa seu desgosto com a situação em que se encontrava a linguística de seu tempo: "estou muito desgostoso com tudo isso e com a dificuldade que há, em geral, em escrever sequer dez linhas tendo o senso comum em matéria de fatos de linguagem" (Saussure, 1964: 95). Esse desgosto está diretamente relacionado ao método que se praticava em linguística. Nesse sentido, pode-se dizer que a linguística sincrônica de Saussure é "geral" em um sentido bem específico: ela tem o estatuto de uma epistemologia da linguística. Assim, ela se desloca da generalização empírica dos resultados acumulados para a generalidade teórica dos princípios. De certa forma, sua linguística geral pode ser pensada como uma filosofia da linguística (cf. Bouquet, 2000; Flores, 2023, Flores e Othero, 2023).

De Croce a Saussure, que diferenças há? No primeiro, a "linguística geral" se faz acompanhar de uma ou mais ciências humanas; no segundo, é a generalização dos resultados que se impõe; no terceiro, é a generalidade dos princípios que se apresenta, ou seja, é a própria "linguística geral" que é uma epistemologia, que se interroga sobre seus métodos e objetos.

Esses são alguns dos exemplos do que a linguística geral procurou estudar no decorrer de sua história. No entanto, essas não são as únicas possibilidades. A seguir, veremos alguns aspectos mais pontuais.

QUAIS SÃO AS GRANDES LINHAS DE INVESTIGAÇÃO?

A resposta aqui exige que adotemos dois procedimentos: (a) fazemos, inicialmente, um panorama histórico, limitado à primeira metade do século XX, destacando as grandes linhas de investigação em linguística geral; para isso, nos baseamos no texto "Tendências recentes em linguística geral", de Émile Benveniste, cujo objetivo era exatamente dar esse panorama até aquele momento; (b) buscamos ver como a questão de uma "linguística geral" se apresenta em autores contemporâneos, da segunda metade do século XX em diante.

Benveniste afirma que a diversidade da linguística é tamanha que fazer um balanço de seus problemas "assumiria proporções de uma obra ou se esgotaria numa enumeração de trabalhos" (Benveniste, 1988: 3). Ele parte dos séculos XIX e início do XX: neles, vê-se o caráter histórico dos estudos linguísticos: "a história como perspectiva necessária e a sucessividade como princípio de explicação, a divisão da língua em elementos isolados e a pesquisa de leis de evolução próprias a cada um deles" (Benveniste, 1988: 5); esses estudos resultaram tanto da influência da abordagem evolucionista que estava se disseminando por todas as áreas acadêmicas naquela época quanto das circunstâncias em que a linguística havia tido origem.

A partir daí, chega-se em Saussure e na ideia de ciência linguística, cuja inovação foi permitir a "consciência de que a linguagem em si mesma não comporta nenhuma outra dimensão histórica, de que é sincronia e estrutura, e de que só funciona em virtude da sua natureza simbólica" (Benveniste, 1988: 5). Quer dizer, "o tempo não é o fator da evolução, mas tão-somente o seu quadro" (Benveniste, 1988: 5); a causa das alterações que afetam um dado componente da língua reside, por um lado, na natureza dos elementos presentes em um dado momento da língua e, por outro, nas relações estruturais entre esses elementos. A mudança e a correspondência permitem uma análise comparada de dois estados sucessivos e as distintas configurações que os caracterizam. Assim, a diacronia recupera sua validade ao representar uma sucessão de sincronias. Isso realça de imediato a importância fundamental da noção de *sistema* e da interconexão restabelecida entre todos os elementos de uma língua. Tal visada da linguística como ciência ressoa também em toda a obra de Meillet.

Essa ideia de ciência inaugurada com Saussure – e levada adiante pelos linguistas que o sucederam – permite repensar alguns problemas: a) ideias absolutistas sobre a monogênese e a poligênese das línguas são recusadas; b) particularidades de uma língua ou de um tipo linguístico não têm valor universal – "todos os tipos de línguas adquirem direitos iguais de representar a linguagem" (Benveniste, 1988: 6); c) línguas antigas não são nem mais nem menos complexas ou completas do que qualquer língua de hoje em dia – "a análise das línguas 'primitivas' revela nelas uma organização altamente diferenciada e sistemática" (Benveniste, 1988: 6); d) uma categoria escolhida no conjunto das línguas não ilustra nada do 'espírito humano'; e) variedades linguísticas do mundo são valorizadas; f) as condições de evolução das línguas não diferem em função dos níveis de cultura de seus falantes; g) a comparação das línguas escritas e não escritas seguem os mesmos métodos e critérios; h) diferentes tipos linguísticos requerem diferentes processos de descrição; i) "o repertório das categorias morfológicas, variado como parece, não é ilimitado. Pode-se então imaginar uma espécie de classificação lógica dessas categorias que mostraria a sua organização e as leis da sua transformação" (Benveniste, 1988: 6); j) as ditas "categorias mentais" e "leis do pensamento" refletem a organização e a distribuição de categorias linguísticas, ou seja, "pensamos um universo que a nossa língua, em primeiro lugar, modelou" (Benveniste, 1988: 7).

Essas considerações são, juntas, um balanço das tendências em linguística geral, determinadas pela passagem do estudo histórico do século XIX ao estudo de base científica do século XX. É evidente, porém, que a diversidade de escolas e teorias matiza essas questões em função de objetivos específicos, no entanto, não deixamos de ver nos linguistas preocupações semelhantes, ainda que em quadros teóricos distintos. Benveniste (1988: 8) destaca três dessas preocupações: a) sobre o objeto da linguística: "1ª Qual é a tarefa do linguista, a que ponto quer ele chegar, e o que descreverá sob o nome de língua?"; b) sobre o(s) método(s) e a(s) técnica(s) da linguística: "2ª Como se descreverá esse objeto? É preciso forjar instrumentos que permitam apreender o conjunto dos traços de uma língua dentro do conjunto das línguas manifestadas e descrevê-los em termos idênticos. Qual será então o princípio desses processos e dessas definições?"; c) sobre a função da língua/linguagem: "3ª Tanto para o sentimento ingênuo do falante como para o linguista, a linguagem tem como função 'dizer alguma coisa'. O que é exatamente essa 'coisa' em vista da qual se articula a língua, e como é possível delimitá-la em relação à própria linguagem? Está proposto o problema da significação".

Após esse amplo panorama, Benveniste passa a examinar algumas das principais tendências de linguística geral na primeira metade do século XX. A primeira é a que opera com a noção de "estrutura". Diz Benveniste (1988: 9):

> *Estrutura* é um dos termos essenciais da linguística moderna, um dos que ainda têm valor programático. [...] [ele] pode significar duas coisas bem diferentes. Entende-se por estrutura, particularmente na Europa, o arranjo de um todo em partes e a solidariedade demonstrada entre as partes do todo, que se condicionam mutuamente; para a maioria dos linguistas americanos, será a distribuição dos elementos, tal como se verifica, e a sua capacidade de associação ou de substituição.

Uma segunda grande tendência que Benveniste discute é a que liga a linguística a outros domínios: as relações entre estrutura social e estrutura linguística (como no programa de Meillet) que exigiriam uma detida reflexão sobre "a base comum à língua e à sociedade" (Benveniste, 1988: 16). Nessa direção, estão os estudos relativos à impressão cultural na língua, tanto do ponto de vista social quanto histórico, além dos trabalhos sobre tabu linguístico e sobre a mudança da forma linguística como indicação da atitude do falante relativamente ao que fala.

Linguística geral **113**

Outra tendência diz respeito aos "problemas do estilo". São os estudos de Bally e Vossler, entre outros. Por esse viés, colocam-se em jogo aspectos linguísticos, estéticos e psicológicos em relação à estrutura da língua.

Por fim, Benveniste enumera, ainda, algumas outras tendências em linguística geral: as relações entre significante e significado; as relações entre língua cultura e personalidade; e as relações com a semiologia geral. E conclui, de maneira programática:

> Essa enumeração não é exaustiva e não pode sê-lo. Surgirão, talvez, outras concepções. Queremos apenas mostrar que, por trás das discussões e das afirmações de princípio que acabamos de expor, existe com frequência, sem que todos os linguistas a vejam claramente, uma opção preliminar que determina a posição do objeto e a natureza do método. É provável que essas diversas teorias venham a coexistir, embora num ou noutro ponto do seu desenvolvimento devam necessariamente encontrar-se, até o momento em que se imponha o *status* da linguística como ciência, não ciência dos fatos empíricos, mas ciência das relações e das deduções reencontrando a unidade do plano dentro da infinita diversidade dos fenômenos linguísticos (Benveniste, 1988: 18).

O percurso feito por Benveniste que acompanhamos até aqui é suficiente para dar conta das tendências em "linguística geral" até a metade do século XX. Falta, porém, dizer algo a respeito do que acontece a partir daí até as duas primeiras décadas do século XXI.

Ora, não é fácil mapear a "linguística geral" nesses últimos anos; e isso, ao menos, por um motivo: a diversificação de métodos da linguística levou necessariamente à especialização e à verticalização de pesquisas. Assim, a ideia de uma "linguística geral" parece ter perdido espaço nesses últimos tempos, tendo cedido lugar a linguísticas bastante delimitadas e circunscritas metodologicamente – é o que vemos ilustrado, por exemplo, nestes dois volumes de *A linguística hoje*. A expressão "linguística geral" passou a ocupar um lugar pouco específico, limitando-se, muitas vezes, a nomear disciplinas introdutórias aos estudos linguísticos em universidades ou em manuais introdutórios de linguística[4]. No entanto, nos últimos tempos temos presenciado certa reabilitação de uma ideia de "linguística geral" nos estudos linguísticos. Daremos três exemplos disso.

O primeiro vem da fecundidade que a disciplina tem em uma das instituições de maior prestígio internacional: o Collège de France, em Paris. A linguística geral esteve presente desde muito tempo no Collège de France: nos cursos de gramática

114 A linguística hoje

comparada de Michel Bréal (entre 1866 e1905), de Antoine Meillet (entre 1906 e 1936) e de Émile Benveniste (entre 1937 e 1972); nos cursos de linguística de Jean-Marie Zemb (entre 1986-1998) e de Claude Hagège (entre 1988-2006); e, atualmente, na cadeira intitulada "linguística geral", de Luigi Rizzi.

E o que se estuda no Collège de France sob o rótulo de "linguística geral"? Apesar de longa, reproduzimos na íntegra, a seguir, a descrição que é dada da cadeira:

> As aulas (cursos e seminários) ligadas à cadeira de linguística geral centram-se nos modelos teóricos da linguagem, bem como na análise comparativa das estruturas linguísticas. Seguindo uma longa tradição de estudos em linguística geral, a pesquisa atual apresentada nos ensinamentos diz respeito tanto à invariância, às propriedades gerais da linguagem humana quanto à possível variação entre as línguas. A ênfase estará ora na natureza dos princípios universais que regem a estrutura da linguagem, ora nos mecanismos responsáveis pela variação, com referência particular aos modelos paramétricos. O núcleo central da unidade curricular será dedicado à análise de estruturas sintáticas, objetos complexos que importam mapear com o maior detalhe possível. Se a articulação das estruturas pode atingir um nível considerável de complexidade, os mecanismos gerativos fundamentais são, segundo certos modelos atuais, de grande simplicidade. Os ensinamentos abordam paralelamente os ingredientes básicos do cálculo sintático postulados pelo minimalismo, os resultados de projetos cartográficos, bem como as questões e novas direções que essas linhas de pesquisa abrem. O estudo da aquisição da linguagem pode informar a análise das estruturas linguísticas e, ao mesmo tempo, ser decisivamente inspirado pela teoria e descrição da gramática adulta. O desenvolvimento da linguagem nas crianças será, portanto, outro tema central das aulas ligadas à cadeira. Esses ensinamentos são alimentados pelos últimos desenvolvimentos da pesquisa em todos os campos mencionados: teoria da sintaxe e sintaxe comparativa, modelos paramétricos de variação, mapeamento de estruturas, mecanismos combinatórios, efeitos de localidade. Todos estes temas são abordados, na investigação relativa à cátedra de linguística geral, do ponto de vista dos sistemas linguísticos adultos, bem como do ponto de vista da aquisição da linguagem[5].

Observe-se que, nessa perspectiva, a linguística geral diz respeito a "modelos teóricos da linguagem" e à "análise comparativa de estruturas linguísticas", além disso, trata tanto a invariância (entendida como propriedades gerais da linguagem humana, ligadas a princípios universais) quanto a variação entre as línguas (ligada a modelos paramétricos).

O segundo exemplo vem do recente trabalho do linguista alemão Martin Haspelmath (2020). Em um artigo não por acaso intitulado "A linguística geral deve ser baseada em universais (ou aspectos não convencionais da linguagem)", Haspelmath parte de uma distinção entre *linguística geral* (entendida como o estudo da linguagem humana) e *linguística particular* (entendida como o estudo das línguas individuais). Recusa assimilar o termo "linguística teórica" à linguística geral porque – com exceção do que considera os aspectos convencionais da linguagem (por exemplo, tempo de reação, como na psicolinguística) – afirmações gerais decorrem do estudo de universais. Segundo Haspelmath (2020: 1), "a linguística geral deve ser baseada em universais linguísticos, a menos que estudemos aspectos não convencionais da linguagem, como comportamento em experimentos psicolinguísticos, observação de lapsos da língua ou argumentos de pobreza de estímulos".

O terceiro exemplo vem do trabalho de Flores (2019), em um livro cujo título, *Problemas gerais de linguística,* já indica a inversão de perspectiva sugerida. O título evoca os *Problemas de linguística geral*, de Benveniste. As mudanças indicam que, em primeiro lugar, há "problemas", isto é, assuntos linguísticos, temas, que são controversos e que ainda merecem ser "problematizados", porque ensejam respostas até agora não formuladas; além disso, indicam que esses "problemas" são gerais "de" linguística e não gerais "da" linguística, o que significa que tais assuntos são de um tipo específico e não de uma área do conhecimento específica. Enfim, os "problemas" são "gerais" "de" linguística porque, do ponto de vista adotado, são transversais a toda e qualquer linguística e não estão circunscritos a uma linguística específica. Em síntese, há "problemas" com os quais todas as perspectivas teóricas do heterogêneo campo linguístico têm de se importar. Flores (2019), por exemplo, defende que todas as teorias linguísticas, em algum momento de seu desenvolvimento, tiveram ou têm de dizer algo sobre o "problema" da aquisição da linguagem. Com isso, não está querendo dizer que as teorias linguísticas necessariamente tenham de produzir uma "teoria da aquisição da linguagem"; o que é defendido é que o tema (o "problema") da aquisição da linguagem se impõe a qualquer pesquisador que queira refletir sobre a linguagem, independentemente da corrente teórica com a qual se identifica, configurando-se em um *problema geral de linguística*[6].

QUE ESTUDOS PODEM SER DESENVOLVIDOS COM A LINGUÍSTICA GERAL?

Cremos que, para responder a essa questão, deveríamos ter sempre em mente o que Haspelmath (2020: 2) chama de "o paradoxo da linguística geral": "o fato de que queremos estudar a linguagem humana, mas tudo o que podemos observar são enunciados de línguas particulares". Embora Haspelmath encaminhe uma solução própria para esse paradoxo, interessa-nos mantê-lo como uma advertência necessária a toda a reflexão no campo.

Como a linguística geral, apesar de ter uma longa trajetória na história da linguística, apenas recentemente tem recebido novos olhares, seria precipitado delimitar rigidamente os estudos que podem ser feitos no campo. Pensamos que, no máximo, neste momento, podemos sugerir três ou quatro direções de pesquisas.

A primeira, sem dúvida, vem da longa tradição no campo e que poderíamos definir como uma perspectiva que tem um componente fortemente filosófico e epistemológico. Nesse sentido, busca-se reduzir a diversidade de conhecimentos concretos relacionados às línguas humanas a um *conjunto limitado de princípios*. A linguística geral seria, nesse caso, a descrição ampla desses princípios mais abrangentes que seriam, por sua vez, usados na construção do conhecimento concreto das línguas e da capacidade linguística.

Uma segunda direção de pesquisa é aquela que trata de uma propriedade inerente às línguas – a variação e a mudança. A busca pelo entendimento dos mecanismos responsáveis pela variação e mudança nas línguas pode certamente ser o objeto de investigação da linguística geral.

A terceira via de entendimento de uma linguística geral estaria ligada ao estudo dos *universais da linguagem humana*. No entanto, a aparente simplicidade dessa afirmação não deixa de colocar em suspenso o próprio entendimento do que vêm a ser esses universais. Há muitas formas de se conceber esses "universais" (formais, funcionais, semânticos, tipológicos, antropológicos, conceituais etc.). As diferenças estão ligadas ao quadro teórico mobilizado para defini-los e ao que se considera passível de ser incluído nessa ideia.

Uma última via poderia vir de uma formulação bastante instigante de Benveniste em uma de suas últimas aulas no Collège de France. Diz Benveniste (2014: 90):

Tal como eu a compreendo, *a linguística geral é a linguística que se interroga sobre si mesma, sobre sua definição, sobre seu objeto, sobre seu estatuto e sobre seus métodos.* Trata-se, portanto, de uma interrogação incessante, que se desenvolve, que se renova, na medida em que a experiência do linguista se aprofunda e que seu olhar se amplia.

Benveniste, como se vê na passagem, recobre o termo de uma roupagem epistemológica (o que já é preconizado por Saussure), quer dizer, uma linguística que reflete sobre métodos e objetos da(s) linguística(s). Evidentemente, trata-se de uma proposta programática, que ainda deveria ser avaliada, mas que não deixa de sugerir *amplas perspectivas para o estudo da linguagem humana.*

O QUE EU PODERIA LER PARA SABER MAIS?

Muito do que foi produzido no âmbito da linguística geral está presente em livros introdutórios de linguística. No Brasil, vale ler o pequeno livro de Robert Martin, *Para entender a linguística.* O capítulo dedicado à linguística geral é bastante elucidativo do que consideramos, anteriormente, a segunda via de abordagem do campo. O leitor se beneficiará também dos primeiros capítulos do livro de John Lyons, *Lingua(gem) e linguística.*

Recomendamos também o livro *Problemas de linguística geral*, de Benveniste, em especial, o capítulo texto "Tendências recentes em linguística geral". Outra seleção de textos muito interessante está presente no livro *A evolução das formas gramaticais*, de Antoine Meillet. Destacamos os capítulos "O estado atual dos estudos em linguística geral" e "Linguística histórica e linguística geral".

Mais recentemente, há a coletânea de artigos do linguista Martin Haspelmath, *Investigações em linguística geral*, que apresenta uma discussão bastante atual acerca da linguística geral. Para ter uma visão geral da ciência linguística, vale ler o capítulo "Linguística" de Battisti, Othero e Flores (2022), além do já mencionado *Problemas gerais de linguística*, livro de Flores (2015). Duas traduções relativamente recentes abordam temas caros à linguística geral, sob um viés do programa gerativo, contudo. São elas: *A ciência da linguagem* (Chomsky, 2014) e *Introdução a uma ciência da linguagem* (Milner, 2021).

Por fim, remetemos o leitor à bibliografia referida a seguir. Nela, é possível encontrar grandes possibilidades de aprofundamento teórico e metodológico.

118   A linguística hoje

Notas

[1]   É indiscutível que existem reflexões de natureza "geral", dispersas ao longo da história do pensamento linguístico, que precedem a metade do século XIX. Por exemplo, encontramos tais reflexões na gramática especulativa medieval, nas gramáticas latinas do Renascimento, na Gramática de Port-Royal (1660) e nas várias obras gramaticais que a sucederam e nela se basearam. Também as identificamos nos estudos da gramática comparada realizados por figuras como Friedrich von Schlegel (1772-1829), August Schlegel (1767-1845), Jacob Grimm (1785-1863), Franz Bopp (1791-1867), Wilhelm von Humboldt (1767-1835) e August Schleicher (1821-1868), os quais, de certa forma, propunham modelos de generalidade e universalidade. A emergência de considerações abrangentes sobre a linguagem ou as línguas têm raízes muito antigas (cf. Camara Jr., 2021).

[2]   Esse conjunto de obras encontra-se reproduzido em quadro anexo a Flores (2019). Ele inicia com a publicação, em 1871, da *Einleitung in die Psychologie und Sprachwissenschaft* [Introdução à psicologia e linguística], de Heymann Steinthal, e finaliza com a publicação, em 1924, de *Les langues du monde*, de Antoine Meillet e Marcel Cohen.

[3]   Quanto à trajetória histórica da concepção de uma "linguística geral" – embora sem aderir rigidamente à sequência temporal –, Normand (2000a: 441) identifica a origem da reflexão nesse âmbito durante o intervalo compreendido entre os anos 1880, marcado pela publicação de *Principien der Sprachgeschichte* [Princípios fundamentais da história da língua], de Hermann Paul, e o 1º Congresso Internacional de linguistas em 1928. Nesse intervalo, surgiram eventos significativos, a exemplo da publicação de *Language* [Linguagem] em 1921, por Edward Sapir; o lançamento de *Linguistique historique et linguistique générale* [Linguística histórica e linguística geral] em 1921, por Antoine Meillet (1866-1936); a publicação de *Language* [Linguagem] em 1922 e *Philosophy of Grammar* [Filosofia da gramática] em 1924, ambos por Otto Jespersen; somado à fundação da Linguistic Society of America [Sociedade linguística da América] em 1924 e ao estabelecimento da revista *Language* [Linguagem] em 1925 pela mesma Sociedade.

[4]   Citamos apenas um: o excelente *Lingua(gem) e linguística*, de John Lyons. Nele, lemos: "A primeira distinção a se estabelecer é entre a linguística geral e a descritiva. É bastante direta em si mesma. Corresponde à que existe entre estudar a linguagem e descrever determinadas línguas. A pergunta 'O que é língua(gem)?' [...] é mais adequadamente considerada a indagação central da linguística geral. A linguística geral e a descritiva não são absolutamente estanques. Cada uma depende explícita ou implicitamente da outra: a linguística geral fornece conceitos e categorias em termos dos quais as línguas serão analisadas; a linguística descritiva, por sua vez, fornece dados que confirmam ou refutam as proposições e teorias colocadas pela linguística geral. Por exemplo, o linguista geral poderia formular a hipótese de que todas as línguas possuem nomes e verbos. O linguista descritivo poderia refutá-la com base em uma comprovação empírica de que houvesse pelo menos uma língua em cuja descrição tal distinção não se verificasse. Porém, para refutar ou confirmar a hipótese, o linguista descritivo deve operar com determinados conceitos como 'nome' e 'verbo' que lhes foram fornecidos pela linguística geral" (Lyons, 1987: 25).

[5]   Cf. <https://www.college-de-france.fr/fr/chaire/luigi-rizzi-linguistique-generale-chaire-statutaire>.

[6]   Muitos são os temas transversais que estão presentes – mesmo que pela negação – no fazer do linguista. Por exemplo: a tradução, as relações entre língua e sociedade, entre pensamento e linguagem, entre língua e realidade, entre língua e cultura etc.

Referências

AUROUX, S. La notion de linguistique générale. *Histoire Épistemologie Langage*. Paris, v. 10, fascículo 2, 1988.

AUROUX, S. Les antinomies méthodologiques. In: *Histoire des idées linguistiques* – Tome 3: L'hégémonie du comparatisme. Liège: Pierre Mardaga, 2000.

BATTISTI, E .; OTHERO, G. A.; FLORES, V. N. *Conceitos básicos de linguística*. Noções gerais. São Paulo: Contexto, 2022.

BENVENISTE, É. Tendências recentes em linguística geral. In: *Problemas de linguística geral I*. Trad. Maria da Glória Novak e Maria Luisa Neri. Campinas: Editora da Unicamp, 1988.

BENVENISTE, É. *Últimas aulas no Collège de France 1968 e 1969*. Trad. Daniel Costa da Silva et al. São Paulo: Editora Unesp, 2014.

CAMARA JR., J. M. *Princípios de linguística geral*. 4. ed. Rio de Janeiro: Livraria Acadêmica, 1969.

CAMARA JR., J. M. *História da linguística*. Edição revista e comentada. Trad. Maria Amparo Barbosa de Azevedo. Petrópolis: Vozes, 2021.

CHOMSKY, N. *A ciência da linguagem*: conversas com James McGilvray. Trad. Gabriel de Ávila Othero, Luisandro Mendes Souza e Sérgio de Moura Menuzzi. São Paulo: Editora Unesp, 2014.

COLOMBAT, B.; FOURNIER, J.-M.; PUECH, C. *Histoire des idées sur le langage et les langues*. Paris: Klincksieck, 2010.

CROCE, B. *Estética como ciência da expressão e linguística geral*: teoria e história. Trad. Omayr José de Moraes Júnior. São Paulo: É Realizações, 2016.

FLORES, V. N. *Problemas gerais de linguística*. Petrópolis: Vozes, 2019.

FLORES, V. N. *A linguística geral de Ferdinand de Saussure*. São Paulo: Contexto, 2023.

FLORES, V. N.; OTHERO, G. A. Várias linguísticas, *uma* epistemologia da linguística. In: OTHERO, G. A.; FLORES, V. N. (orgs.). *A linguística hoje*: múltiplos domínios. São Paulo: Contexto, 2023.

GREENBERG, J. H. *Language universals*: with special reference to feature hierarchies. The Hague: Mouton, 1966.

HASPELMATH, M. General linguistics must be based on universals (or non-conventional aspects of language). *Theoretical Linguistics*. v. 47, n. 1-2, 2021.

HASPELMATH, M. *Investigações em linguística geral*: textos escolhidos de Martin Haspelmath. Edição, seleção de textos e tradução de Felipe Bilharva da Silva, Gabriel de Ávila Othero, Melissa Lazzari, Pablo Nunes Ribeiro e Sérgio Menuzzi. Curitiba: Ed. da Abralin, 2024.

LYONS, J. *Linguagem e linguística*: uma introdução. Trad. Marilda Winkler Averbug e Clarice Souza. Rio de Janeiro: LTC, 1987.

MEILLET, A. *A evolução das formas gramaticais*. Seleção, tradução e notas de Marcos Bagno. São Paulo: Parábola Editorial, 2020.

MILNER, J. C. *Introdução a uma ciência da linguagem*. Trad. Daniel Costa da Silva, Gabriel de Ávila Othero, Heloísa Monteiro Rosário e Valdir do Nascimento Flores. Petrópolis: Vozes, 2021.

NORMAND, C. La question d'une science générale. In: AUROUX, S. *Histoire des idées linguistiques* – Tome 3: L'hégémonie du comparatisme. Liège: Pierre Mardaga, 2000a.

NORMAND, C. Les thèmes de la linguistique générale. In: AUROUX, S. *Histoire des idées linguistiques* – Tome 3: L'hégémonie du comparatisme. Liège: Pierre Mardaga, 2000b.

NORMAND, C. La généralité des principes. In: AUROUX, S. *Histoire des idées linguistiques* – Tome 3: L'hégémonie du comparatisme. Liège: Pierre Mardaga, 2000c.

SAUSSURE, F. *Curso de linguística geral*. Trad. Antônio Chelini, José Paulo Paes e Izidoro Blikstein. São Paulo: Cultrix, 1975.

Linguística gerativa

Gabriel de Ávila Othero

O QUE É A LINGUÍSTICA GERATIVA?

A linguística gerativa tem início no final da década de 1950 na costa leste dos Estados Unidos com a publicação, em 1957, do livro *Estruturas sintáticas*, de Noam Chomsky (1928-). Com essa publicação, Chomsky inaugura o que conhecemos hoje como linguística gerativa (ou, como foi chamada por longo tempo, linguística gerativo-transformacional, por conta das operações transformacionais usadas na análise derivacional da estrutura sintática das frases).

De acordo com Lees (1957: 377-8), em uma resenha publicada na revista *Language* sobre o *Estruturas sintáticas*, Chomsky apresenta, nesse livro seminal,

> uma das primeiras tentativas sérias de um linguista para construir [...] uma teoria abrangente de linguagem que possa ser entendida no mesmo sentido em que uma teoria química ou biológica é comumente entendida em química ou biologia. Não se trata de uma mera reorganização de dados em um formato de catálogo bibliotecário, nem outra filosofia especulativa sobre a natureza do Homem e da Linguagem; é antes uma explicação rigorosa de nossas intuições sobre a linguagem em termos de um sistema axiomático explícito, com teoremas derivados desse sistema, resultados explícitos que podem ser comparados com novos dados e com outras intuições, tudo baseado plenamente em uma teoria explícita da estrutura interna das línguas.

Além do *Estruturas sintáticas*[1], outras duas publicações de Noam Chomsky são consideradas fundadoras do programa gerativista: a monografia *The Logical Structure of Linguistic Theory* [A estrutura lógica da teoria linguística], de 1955 (e publicada em 1975), e a resenha que Chomsky fez do livro *O comportamento*

122 A linguística hoje

verbal, de autoria do psicólogo comportamentalista norte-americano B. F. Skinner (cf. Chomsky 1959, 1975 [1965], 2015 [1957]).

Esses três primeiros "textos fundadores" já mostram que o programa delineado por Chomsky para o estudo da linguagem não se resume à formalização gramatical do inglês ou de qualquer outra língua específica. O que esses trabalhos já deixam antever é que estamos diante de um programa de investigação científica amplo, inaugurado e encabeçado por Chomsky, que entende a linguagem como uma capacidade biológica exclusiva da espécie humana e que aproxima, por isso, a linguística do quadro das ciências ditas "naturais". Nas palavras de Milner (2021:18), "através de sua evolução, o programa gerativista manteve firmemente, como eixo de seu projeto, o cientificismo explícito e assumido [...]. Parece mesmo que, entre os linguistas, Chomsky tem sido o único a reivindicar isso de maneira consequente [...]".

Um dos objetivos centrais dos estudos gerativistas foi, desde o início (e ainda é), compreender, descrever e explicar o conhecimento interiorizado que os falantes têm acerca da língua que falam. Nas palavras do próprio Chomsky (1988: 3), "Uma pessoa que fala uma língua desenvolveu um certo sistema de conhecimento, representado de alguma forma na mente e, em última análise, no cérebro, em alguma configuração física. Ao investigarmos esses tópicos, então, enfrentamos uma série de perguntas, entre elas [...] Como esse sistema de conhecimento se desenvolve na mente/cérebro?"

E ainda:

> uma teoria da linguagem é, por definição, uma gramática gerativa, e cada língua é o que chamamos, em termos técnicos, uma língua-I (esse "I" quer dizer "interior", "individual" e "intensional"). Estamos interessados em descobrir o procedimento computacional real; não algum conjunto de objetos enumerado por tal procedimento, o que ele "gera fortemente" em termos técnicos, vagamente análogo às provas geradas por um sistema axiomático (Chomsky 2018a: 30).

O objeto de investigação da linguística gerativa é, portanto, um objeto de caráter mental, certamente inscrito fisicamente em nosso cérebro, mas de natureza cognitiva. Chomsky menciona acima a língua-I, que é entendida como "um elemento que existe na mente da pessoa que conhece a língua, adquirido por quem aprende e usado pelo falante-ouvinte" (Chomsky, 1994: 41). Desvendar, descrever e explicar a natureza e o funcionamento da língua-I define, em grande parte, a natureza do empreendimento gerativista.

O QUE A LINGUÍSTICA GERATIVA ESTUDA?

A linguística gerativista estuda, como vimos, a capacidade mental que nos permite desenvolver uma ou mais línguas, sejam elas línguas orais ou gestuais – o que chamamos de *faculdade da linguagem*. Uma das preocupações iniciais de Chomsky – que pode ser vista, por exemplo, nos primeiros livros influentes do programa gerativista (*Estruturas sintáticas*, de 1957, e *Aspectos da teoria da sintaxe*, de 1965) – era formalizar uma gramática (no sentido de descrição gramatical) que refletisse o conhecimento gramatical interiorizado dos falantes de uma língua. Essa gramática teve, desde o início, uma forte abordagem sintaticocentrista. Ou seja, o módulo gramatical central da linguagem pelo viés gerativista, via de regra, é o módulo sintático. Por isso, o estudo da organização sintática das línguas naturais e das propriedades sintáticas e computacionais da faculdade da linguagem humana esteve – e ainda está – presente em muitos trabalhos desenvolvidos no quadro da linguística gerativa. No entanto, devemos frisar, a investigação em linguística gerativa não se resume ao estudo sintático das línguas naturais nem ao estudo das propriedades sintático-computacionais da linguagem humana. Pelo contrário, trata-se de um programa de investigação rico e diverso dentro dos estudos da linguagem, como veremos na próxima seção[2].

Dissemos antes que a linguística gerativa pretende formalizar uma gramática que reflita o *conhecimento gramatical* interiorizado dos falantes. No entanto, não temos acesso direto a esse conhecimento, uma vez que os falantes de uma língua usam, cotidianamente, sua língua-E, a língua externa à mente-cérebro; nas palavras de Chomsky, "uma língua usada por uma população [...] por um interesse comunicativo" (Chomsky, 1994: 39). E essa língua-E, quando usada pelos falantes em situações comunicativas concretas, é repleta de falsos começos, hesitações, repetições indevidas, frases fragmentadas etc. Por exemplo, uma frase como (1) pode ser claramente enunciada numa conversação:

(1)   Ontem eu vi o o a Maria chegar em casa com o João.

Sabemos que um sintagma nominal em português (e em qualquer língua conhecida, na verdade) cujo núcleo é um substantivo feminino não pode ser iniciado por duas ocorrências do artigo masculino antes do artigo feminino. Sabemos que (1) contém um lapso do falante, que aconteceu por qualquer motivo envolvendo a situação discursiva concreta em que ele ou ela estivesse inserido (seja por nervosismo, cansaço, falta de atenção, embriaguez...). É por isso que o objeto de estudo da linguística gerativa não é a fala concreta

124 A linguística hoje

produzida pelo falante em situações discursivas – em outras palavras, seu desempenho linguístico. Via de regra, os gerativistas almejam alcançar o conhecimento gramatical interiorizado que qualquer falante domina sobre sua língua materna e que permite produzir frases bem formadas na língua, ao mesmo tempo que permite que esse ou essa falante reconheça sequências malformadas na língua. Muito provavelmente, o mesmo falante que enuncia (1) diria, ao ver aquela sequência impressa no papel, que essa não é uma frase bem formada em português. Ou seja: na descrição sintática do português, não podemos hipotetizar uma regra que descreva o sintagma nominal [o o a Maria], simplesmente porque tal sintagma não é bem formado nessa língua – ainda que possa ser enunciado por algum falante em determinada situação discursiva concreta.

Se a linguística gerativa não tem por objetivo último a descrição e o entendimento do desempenho dos falantes, podemos dizer que a competência linguística, conceito ligado ao de língua-I que vimos anteriormente, é o objeto de estudo primordial da linguística gerativa. Por esse mesmo motivo, não costumamos falar em "produções linguísticas dos falantes", mas em intuições de um "falante-ouvinte" ideal. Nas palavras de Chomsky (1975: 83-4, itálicos do autor):

> A teoria linguística tem antes de mais nada como objeto um falante-ouvinte ideal, situado numa comunidade linguística completamente homogênea, que conhece a sua língua perfeitamente, e que, ao aplicar o seu conhecimento da língua numa performance efetiva, não é afetado por condições gramaticalmente irrelevantes tais como limitações de memória, distrações, desvios de atenção e de interesse, e erros (casuais ou característicos). Esta parece-me ter sido a posição dos fundadores da moderna linguística geral, e nenhuma razão convincente foi alguma vez proposta para a modificar. Para estudarmos a performance efetiva, tem que se considerar a interação de uma variedade de fatores, entre os quais a competência subjacente do falante-ouvinte é apenas um deles. Deste ponto de vista, o estudo da linguagem não é diferente da investigação empírica de outros fatores complexos.
>
> Fazemos, portanto, uma distinção fundamental entre *competência* (o conhecimento que o falante-ouvinte possui da sua língua) e *performance* [ou *desempenho*] (o uso efetivo da língua em situações concretas). A performance só é um reflexo directo da competência no caso de vigorarem as condições ideais estabelecidas no parágrafo anterior. Na realidade dos fatos, é óbvio que ela não pode refletir diretamente

a competência. Uma gravação da fala natural mostrará numerosos arranques em falso, desvios das regras, mudanças de intenção a meio caminho, e assim por diante.

Como afirma Guimarães (2017: 56),

Chomsky não ignorou a importância de se considerar também o desempenho, posto que ele mesmo reconhece uma conexão entre as duas coisas, tanto que admite que os dados do desempenho são as fontes observáveis a partir das quais se pode inferir indiretamente as propriedades da competência. Ele explicitamente admite que uma teoria geral da linguagem investigue o desempenho linguístico real. Não há qualquer desprezo ao sujeito real e suas circunstâncias mentais e sociais. Há apenas um recorte de objeto de estudo, reconhecendo-se que a teoria gramatical não abarca o grande fenômeno da linguagem como um todo.

De fato, muitas pesquisas gerativistas hoje em dia estudam produções em *corpora* linguísticos (cf. Perini e Othero 2010, para uma breve discussão) ou mesmo produções espontâneas de falantes, em situações controladas de laboratório (cf. Maia 2012, 2015, para discussão). No cenário brasileiro, por exemplo, certamente podemos afirmar que o conhecimento sobre o português brasileiro avançou muito nas últimas décadas justamente por conta de trabalhos de análise de *corpus* (incluindo aí estudos sincrônicos e diacrônicos) de base gerativa ou trabalhos sobre o processamento sintático da produção linguística de informantes (cf., entre outros, Tarallo, 1983, Duarte, 1995, 2012, Cyrino, 1994, 2018, Maia, 2012, 2015, Roberts e Kato, 2018).

QUAIS SÃO AS GRANDES LINHAS DE INVESTIGAÇÃO?

Uma maneira interessante de abordar as grandes linhas de investigação atuais (e pregressas e futuras, nos arriscamos a dizer) da linguística gerativa é conhecer os cinco grandes problemas elaborados por Chomsky no estudo da linguagem. Cada um dos problemas elencados a seguir foi batizado em homenagem a um filósofo ou cientista. São eles:

1. **Problema de Humboldt**: de que se constitui o conhecimento gramatical de um falante? Em outras palavras, qual é a natureza do conhecimento linguístico interiorizado de um falante (em que consiste sua língua-I)?

2. **Problema de Platão**: como o conhecimento gramatical é adquirido e desenvolvido nos estágios iniciais da nossa vida? Em outras palavras, como se dá a aquisição da linguagem nos seres humanos? Sabemos que todo indivíduo com saúde "normal" tem ampla capacidade de aprender com fluência uma (ou mais de uma) língua materna dentro de um período de tempo muito curto, logo em seus primeiros anos de vida. Nesse mesmo período da nossa vida, contudo, ainda temos dificuldades em dominar técnicas (como amarrar os sapatos) e conhecimentos (como a tabuada do 3) muito mais simples. Como conseguimos aprender algo tão complexo como uma língua (ou mais de uma) em um período em que não conseguimos desenvolver outras habilidades menos complexas?

3. **Problema de Descartes**: como o conhecimento linguístico é posto em uso na fala, no desempenho? Esse problema está relacionado a "o que dizemos e por que o dizemos", de acordo com Chomky (1988: 5). A linguagem humana tem uma propriedade única, que chamamos de criatividade linguística, que nos permite criar frases novas e inéditas a partir de um conjunto finito de itens lexicais e de regras ou princípios que regulam a ordenação desses itens. "Por isso, em uma fala normal, não repetimos meramente o que ouvimos, mas produzimos formas linguísticas novas – muito frequentemente formas jamais produzidas em nossa experiência ou mesmo na história da língua – e não há limites para essa inovação" (Chomsky, 1988: 5).

4. **Problema de Broca**: como o conhecimento linguístico está relacionado com o funcionamento cerebral? Como afirmou Chomsky (1988: 3), uma língua é "um certo sistema de conhecimento, representado de alguma forma na mente e, em última análise, no cérebro, em alguma configuração física". Quais são as partes físicas no cérebro humano que estão ligadas diretamente ao conhecimento linguístico único de nossa espécie? Como essas partes se relacionam entre si?

5. **Problema de Wallace-Darwin**: como o conhecimento linguístico (e o aparato neurofisiológico relacionado a ele) surgiu na espécie humana? Há indícios claros de que o pensamento simbólico tenha surgido há cerca de 100.000 anos na espécie humana. Que tipo de mutação genética oportunizou o surgimento da capacidade da linguagem na nossa espécie? Quando foi que isso aconteceu em nossa linhagem e em nossa história evolutiva?

QUE ESTUDOS PODEM SER DESENVOLVIDOS COM A LINGUÍSTICA GERATIVA?

Descrever a gramática das línguas, em suas propriedades sintáticas específicas e universais é um dos pontos centrais na agenda de investigação da linguística gerativa. Entretanto, os estudos gerativistas, como vimos, não se limitam ao estudo da sintaxe das línguas. Há estudos em outros domínios da gramática, como morfologia, fonologia, semântica, e em interface com outros objetos de estudo: aquisição da linguagem (relacionado ao problema de Platão), processamento da linguagem (relacionado ao problema de Descartes), neurolinguística (relacionado ao problema de Broca), biolinguística (relacionado ao problema de Wallace-Darwin).

Além disso, há muitos trabalhos que lidam com variação e mudança dentro do paradigma gerativista (veja, por exemplo, os desenvolvidos sob o rótulo de "sociolinguística paramétrica" aqui no Brasil, cf. Tarallo, 1985). E há trabalhos que fazem interface com a linguística computacional (cf. Othero e Alencar, 2012). A linguística gerativa é uma escola linguística altamente ativa e produtiva, nas diversas abordagens ao fenômeno *linguagem*.

O QUE EU PODERIA LER PARA SABER MAIS?

Noam Chomsky é um pesquisador e escritor prolífico, e o leitor pode consultar diretamente seus artigos, capítulos e livros. Muitos dos seus trabalhos têm tradução para o português[3]. *Estruturas sintáticas*, por exemplo, traz a base da primeira fase da teoria linguística gerativista. A edição de 2015 (Chomsky, 2015), cuja segunda edição, revisada e levemente ampliada, foi publicada em 2023, traz o texto chomskiano traduzido e comentado, com comentários que pretendem situar o texto no contexto contemporâneo e facilitar a leitura para os leitores de hoje. Chomsky (2018b) é a tradução de um texto de 2007, em que Chomsky revisita o problema de Wallace-Darwin, mostrando como esse problema sempre esteve presente no desenvolvimento do programa gerativista. Chomsky (1997) é a já clássica publicação da conferência que Chomsky proferiu na UFRJ em 1996. É um texto em que ele apresenta boa parte da fundamentação epistemológica da linguística gerativa.

Em alguns de seus trabalhos mais recentes (como Berwick e Chomsky, 2017; Chomsky, 2018a), o leitor pode conhecer desdobramentos contemporâneos da linguística gerativa. Todos esses textos estão em português. Talvez valha a pena acrescentar a essa lista Chomsky (2021); trata-se do livro *O programa*

128 A linguística hoje

minimalista (de 1995), traduzido por Eduardo Raposo e adaptado ao português brasileiro nessa recente edição da Editora da Unesp.

Além dos trabalhos originais de Chomsky, recomendamos também, ao leitor, consultar a vasta bibliografia sobre linguística gerativa produzida em língua portuguesa. Entre as introduções ao programa gerativista em português, poderíamos destacar os manuais de Lemle (1984), Lobato (1986), Raposo (1992) e Mioto et al. (2013), todos, no entanto, com ênfase no estudo sintático das línguas (em especial o português). Esses manuais mesclam análises empíricas, noções teóricas importantes e (em alguns casos) exercícios de revisão.

Como recomendação de textos que apresentam ou discutem a linguística gerativa e que não têm necessariamente uma ênfase no estudo sintático das línguas naturais, podemos citar Negrão, Scher e Viotti (2002); Borges Neto (2005); Kenedy (2009, 2013); Pires de Oliveira (2010); Negrão (2013); Guimarães (2017); Othero e Kenedy (2019); e Battisti, Othero e Flores (2021).

Notas

[1] Na medida do possível, farei sempre referência a textos publicados em português ou já traduzidos para o português, com o intuito de facilitar, aos leitores brasileiros, o acesso às referências, além de prestigiar a boa produção gerativista nacional.

[2] Sobre o sintaticocentrismo na linguística gerativa, recomendo fortemente a leitura do capítulo 4, "A abordagem sintaticocêntrica da conexão entre som e significado", do livro de Guimarães (2017).

[3] Restrinjo-me aqui a obras publicadas em português ou traduzidas para o português.

Referências

ALENCAR, L. F.; OTHERO, G. A. (orgs.). *Abordagens computacionais da teoria da gramática*. Campinas: Mercado de Letras, 2011.

BATTISTI, E.; OTHERO, G. A.; FLORES, V. N. Parte III: Linguística gerativa: a gramática. In: *Conceitos básicos de linguística*: sistemas conceituais. São Paulo: Contexto, 2021.

BERWICK, R. B.; CHOMSKY, N. *Por que apenas nós?* Linguagem e evolução. Trad. Gabriel de Ávila Othero e Luisandro Mendes de Souza. São Paulo: Editora da Unesp, 2017.

BORGES NETO, J. O empreendimento gerativo. In: MUSSALIM, F.; BENTES, A. C. (orgs.). *Introdução à linguística*: fundamentos epistemológicos. v. 3. São Paulo: Cortez, 2005.

CHOMSKY, N. *The logical structure of linguistic theory*. Nova York: Plenum, 1955.

CHOMSKY, N. Review of B. F. Skinner's "Verbal behavior". *Language*. 35, 1959.

CHOMSKY, N. *Aspectos da teoria da sintaxe*. Trad. J. A. Meireles e E. P. Raposo. Coimbra: Arménio Amado, 1975.

CHOMSKY, N. *Language and problems of knowledge*: the Managua lectures. Cambridge: MIT Press, 1988.

CHOMSKY, N. *O conhecimento da língua*: sua natureza, origem e uso. Trad. Anabela Gonçalves e Ana Teresa Alves. Lisboa: Caminho, 1994.

CHOMSKY, N. Conhecimento da história e construção teórica na linguística moderna. Trad. Carolina Siqueira e Maria Cecília Lopes. *DELTA: Documentação de Estudos em Linguística Teórica e Aplicada*. v. 13 (spe), 1997.

CHOMSKY, N. *Estruturas sintáticas*. Edição comentada. Tradução e comentários de Gabriel de Ávila Othero e Sergio Menuzzi. Petrópolis: Vozes, 2015.

CHOMSKY, N. *Que tipo de criatura somos nós?* Trad. Gabriel de Ávila Othero e Luisandro Mendes de Souza. Petrópolis: Vozes, 2018a.

CHOMSKY, N. *Sobre mentes e linguagem*. Trad. Gabriel de Ávila Othero. *ReVEL*. v. 16, n. 31, 2018b.

CHOMSKY, N. *O programa minimalista*. Trad. Eduardo Raposo. São Paulo: Editora da Unesp, 2021.

CYRINO, S. M. L. *O objeto nulo no português do Brasil*: um estudo sintático-diacrônico. Campinas, 1994. Tese (Doutorado). Universidade Estadual de Campinas.

CYRINO, S. M. L.; MORAIS, M. A. (coords.). *História do português brasileiro*: mudança sintática do português brasileiro – perspectiva gerativista. São Paulo: Contexto, 2018.

DUARTE, M. E. L. *A perda do princípio "evite pronome" no português brasileiro*. Campinas, 1995. Tese (Doutorado). Universidade Estadual de Campinas.

DUARTE, M. E. L. *O sujeito em peças de teatro (1833-1992)*: estudos diacrônicos. São Paulo: Parábola Editorial, 2012.

GUIMARÃES, M. *Os fundamentos da teoria linguística de Chomsky*. Petrópolis: Vozes, 2017.

KENEDY, E. Gerativismo. In: MARTELOTTA, M. E. (org.). *Manual de linguística*. São Paulo: Contexto, 2009.

KENEDY, E. *Curso básico de linguística gerativa*. São Paulo: Contexto, 2013.

LEES, R. B. Review of syntactic structures by Noam Chomsky. *Language*. United States, v. 33, n. 3, 1957.

LEMLE, M. *Análise sintática*: teoria geral e descrição do português. São Paulo: Ática, 1984.

LOBATO, L. M. P. *Sintaxe gerativa do português*. Da teoria padrão à teoria da regência e ligação. Belo Horizonte: Vigília, 1986.

MAIA, M. Sintaxe experimental: uma entrevista com Marcus Maia. *ReVEL*. v. 10, n. 18, 2012.

MAIA, M. Processamento de frases. In: *Psicolinguística, psicolinguísticas*: uma introdução. São Paulo: Contexto, 2015.

MILNER, J. C. *Introdução a uma ciência da linguagem*. Trad. Daniel Costa da Silva, Gabriel de Ávila Othero, Heloísa Monteiro Rosário e Valdir do Nascimento Flores. Petrópolis: Vozes, 2021.

MIOTO, C.; SILVA, M. C. F.; LOPES, R. E. V. *Novo manual de sintaxe*. São Paulo: Contexto, 2013.

NEGRÃO, E. V. A natureza da linguagem humana. In: FIORIN, J. L. (org.). *Linguística*: que é isso? São Paulo: Contexto, 2013.

NEGRÃO, E.; SCHER, A. P.; VIOTTI, E. A competência linguística. In: FIORIN, J. L. (org.). *Introdução à linguística*. São Paulo: Contexto, 2002.

OTHERO, G. A.; KENEDY, E. (orgs.). *Chomsky*: a reinvenção da linguística. São Paulo: Contexto, 2019.

PERINI, M. A.; OTHERO, G. A. Corpus, introspecção e o objeto da descrição gramatical. *Signo*. v. 35, n. 59, 2010.

PIRES DE OLIVEIRA, R. A linguística sem Chomsky e o método negativo. *ReVEL*. v. 8, n. 14, 2010.

ROBERTS, I.; KATO, M. *Português brasileiro*: uma viagem diacrônica – homenagem a Fernando Tarallo. São Paulo: Contexto, 2018.

TARALLO, F. *Relativization strategies in Brazilian Portuguese*. Tese (Doutorado). University of Pennsylvania, 1983.

TARALLO, F. Por uma sociolinguística românica "paramétrica": fonologia e sintaxe. *Cadernos de Linguística e Teoria da Literatura*. n. 13, 1985.

Linguística histórica

Marco Martins

O QUE É A LINGUÍSTICA HISTÓRICA?

Abrimos essa discussão sobre o que é a linguística histórica com uma célebre afirmação de Duarte Nunes de Leão, que marca as reflexões sobre a origem e a história da língua portuguesa na virada do século XVI para o XVII: "Assi como em todas cousas humanas há continua mudança e alteração, assi he também nas lingoages" (1606: 1). Podemos dizer, pois, que trata a linguística histórica das mudanças linguísticas a que estão inevitavelmente submetidas as línguas humanas no curso do tempo. Para uma definição mais precisa, é necessário enfrentar uma difícil correlação entre língua e tempo, numa tentativa (que será em alguma medida falha) de ajustar uma definição de língua e como nela o tempo (cronológico e de observação) pode ou não ter alguma influência. É fundamental, pois, estabelecer uma separação entre o que Paixão de Sousa (2006: 13) denomina de "o tempo da análise e o tempo do objeto analisado", o que imprime aos estudos nessa linha de investigação uma "contingência fundante do fazer histórico". Assim, o fazer da linguística histórica está sempre diante de uma *reconstrução de trajetórias* que se dá a partir da observação de rastros deixados pelo tempo em documentação dos inevitáveis processos de mudanças pelas quais as línguas passam.

Assim como o interesse sobre as línguas humanas, a investigação em linguística histórica data de muito antes do século XIX, mas é nos oitocentos que estão importantes descobertas e são construídos os pressupostos teóricos fundamentais para o estudo da mudança linguística. É o século XX, no entanto, um marco na consolidação de teorias linguísticas e de teorias da mudança linguística; e não seria ousado dizer que um segundo marco nas investigações da área foi a teoria da variação e mudança linguísticas, que se consolidou como um programa de investigação – e por que não dizer de uma teoria – da mudança linguística, tendo por foco a variação linguística. Dada a importância desse modelo nos estudos da mudança linguística e as limitações de espaço deste capítulo, nortearemos nossa discussão pela apresentação e pelos desdobramentos dessa teoria em interface com as teorias da mudança linguística no âmbito do gerativismo, no curso de mais de meio século de investigação, sobretudo no Brasil.

O QUE A LINGUÍSTICA HISTÓRICA ESTUDA?

A linguística histórica estuda meios e métodos de reconstruir trajetórias de mudanças pelas quais passam inevitavelmente as línguas humanas. Realizar um estudo em linguística histórica é investigar rastros e reconstruir processos de mudança linguística a partir de documentação histórica deixada pelo tempo. É sobretudo reconstruir temporalidades. Nessa direção, logo de antemão, está posta a separação entre o que denomina Paixão de Sousa (2006) de "tempo do acontecimento" e "tempo do conhecimento", pois a reconstrução de trajetórias teóricas de processos de mudança será sempre numa temporalidade diferente e posterior àquela em que o fato histórico se passou/está se passando. Quem desenvolve uma pesquisa em linguística histórica se volta necessariamente ao estudo de um processo de mudança linguística independentemente do modelo de análise utilizado, pois é consenso que as línguas naturais mudam com o passar do tempo. A importante questão que está no cerne dos estudos em linguística histórica – e que está diretamente associada a uma definição teórica de língua dada em diferentes modelos teóricos das diferentes escolas linguísticas ao longo dos séculos XIX e XX – é quando, como e por que uma mudança linguística acontece, se causada por fatores exógenos ou endógenos ao sistema. Associados ao caminho de quem se volta aos estudos em linguística histórica estão (1) a delimitação (teórica) de uma temporalidade a ser estudada na história de uma língua L, no sentido de definir ou assumir uma periodização dessa língua e buscar situar no tempo histórico/cronológico um percurso de mudança – que está associado ao *quando muda?*; (2) a fixação de um *corpus* representativo de uma comunidade e de um período num recorte temporal para o empreendimento da investigação, isso porque todo estudo em linguística histórica precisará recorrer a fontes documentais para o que denominamos aqui de reconstrução de trajetórias num processo de mudança linguística – que está associado ao *como muda?*; e (3) identificar as forças motivadoras do processo de mudança, no sentido de delimitar na estrutura linguística e social como um processo de mudança de um fenômeno gramatical, por exemplo, está relacionado a outros fenômenos na gramática de uma língua e quais as vinculações desse processo a valores sociais e estilísticos na comunidade linguística – que está associado a *por que muda?*

QUAIS SÃO AS GRANDES LINHAS DE INVESTIGAÇÃO?

Apresentamos aqui muito suscintamente diferentes perspectivas para o estudo da mudança linguística, com foco em dois modelos de análise consolidados no curso do século XX no Brasil a partir da década de 1980[1], fruto de um diálogo fértil entre a teoria da variação e mudança linguísticas e teorias da mudança no âmbito do gerativismo.

Apesar de o estudo sobre mudança linguística ser datado de muito antes do século XIX, é no movimento teórico nos oitocentos dos *comparatistas históricos*, com o método da reconstrução comparada, e dos *neogramáticos* que se consolidam importantes pressupostos para o estudo de processos de mudanças linguísticas (no século XIX, voltados a fenômenos morfossintáticos). O método da reconstrução comparada foi fortemente guiado pela busca de uma gênese comum das línguas humanas, ou por "propósitos genéticos de reconstituição", como define Ilari (1992: 20). Apresentava basicamente os pressupostos de que (1) as línguas mantinham uma herança comum que poderia ser mapeada a partir da comparação sistemática e que (2) havia regularidade nos processos de mudança, no sentido de que, seguindo Crowley e Bowern (2010: 85-91),

a. qualquer reconstrução histórica deveria envolver mudanças de sons que fossem plausíveis, não havendo boas provas do contrário;
b. qualquer reconstrução deveria envolver o menor número possível de mudanças entre a protolíngua e as línguas filhas;
c. a reconstrução deveria preencher lacunas no sistema fonológico em vez de criar sistemas desequilibrados;
d. um fonema não deveria ser reconstruído numa protolíngua a menos que se demonstre ser absolutamente necessário a partir da evidência de línguas filhas.

A teoria neogramática sobre língua e mudança linguística no século XIX é a base para o desenvolvimento dos alicerces do estruturalismo, que se preocupou essencialmente com um método de análise sincrônico. Nas palavras de Mattos e Silva (2008: 41), nas diferentes projeções do estruturalismo, "a projeção diacrônica dos métodos sincrônicos resultou, sobretudo, em um

134 A linguística hoje

método histórico de reconstrução interna de estados sincrônicos" de uma determinada língua, o que ficou conhecido como *estruturalismo diacrônico*. E esse quadro é consolidado em teorias da mudança no âmbito da teoria gerativa na segunda metade do século XX, no qual se desenvolvem modelos de mudança linguística que coloca como ponto central a relação entre um modelo de gramática centrado no domínio da estrutura – com a centralidade da sintaxe – e modelos probabilísticos para a aquisição de uma língua natural. A questão fundamental no *gerativismo diacrônico* é como modelos probabilísticos podem dar esclarecimentos sobre problemas de estrutura e de mudança linguística num dado modelo de gramática, ou como e por quais evidências uma criança no processo de aquisição deve "escolher" uma gramática em oposição a outra. Uma resposta a esse questionamento, enfrentada pelos estudos na área, tem considerado que a criança no processo de aquisição seja, em certo aspecto, sensível à frequência de uso observada por um modelo probabilístico. No universo das gramáticas e dos domínios estruturais possíveis, a criança adquire uma gramática – construindo hipóteses compatíveis com os dados a ela apresentados – que pode ser convergente ou não com a gramática dos seus pares. É na possibilidade de convergência ou não convergência da gramática adquirida pela criança que está a chave para entender um processo de mudança linguística.

O texto seminal *Fundamentos empíricos para uma teoria da variação e mudança linguística* foi publicado por Weinreich, Labov e Herzog em 1968 (com tradução publicada para o português em 2006) e estabelece diretrizes para uma *teoria da variação e mudança linguísticas* que tem por pressuposto central que toda mudança é sempre e necessariamente o resultado de um processo de variação sistemática, no qual formas variantes estão vinculadas a valores linguísticos e sociais. Diferentemente do que afirmam muitos autores na área quando se referem às teorias "pós-corte saussuriano", a teoria da variação e mudança linguísticas é essencial e fundamentalmente estruturalista porque tem no estruturalismo – para além da dialetologia (com enfoque social), dos estudos em linguística histórica e o trabalho em bi- e multilinguismo (Koerner, 2014: 137) – um dos seus pilares de fundação e porque olha para a língua como um sistema de valores. Não diria, portanto, que, como assume Paixão de Sousa (2006), esse modelo teórico está na "contra-herança do estruturalismo", mas, com o estruturalismo, busca a sistematicidade da língua com a grande diferença de que o sistema é heterogêneo e multifacetado, entendendo a mudança como produto de variação/diferenciação ordenada no contínuo diacrônico – qualitativa e quantitativamente observada – e entendendo que as formas estão associadas a valores não somente linguísticos, mas a valores sociais.

A obra de Labov, ao trazer a noção de *valores sociais* para o centro do estudo da mudança linguística, busca conciliar questões internas à língua (fatores de ordem estrutural) a questões sociais na investigação da mudança linguística. A teoria da variação e mudança linguísticas praticada por Labov se assentou fundamentalmente em análises de fenômenos fonéticos e fonológicos, a exemplo dos seus trabalhos pioneiros sobre a centralização da vogal nos ditongos [ay] e [aw] no inglês falado na ilha de Martha's Vineyard (Labov, 2008 [1972]) e sobre a estratificação social da pronúncia do /r/ no inglês falado em Nova York (Labov, 1982). Como muito bem nota Duarte (2016), no Brasil, os estudos pioneiros em sociolinguística variacionista na década de 1970 encontram solo fértil e se voltam fundamentalmente a fenômenos morfossintáticos. A teoria da variação e mudança linguísticas coloca, pois, a centralidade da mudança linguística na variação. Busca-se responder à questão fundamental posta por Weinreich, Labov e Herzog (2006 [1968]: 35), que é: "Afinal, se uma língua tem de ser estruturada a fim de funcionar eficientemente, como é que as pessoas continuam a falar quando a língua muda, isto é, enquanto passa por períodos de menor sistematicidade?". A resposta se assenta no pressuposto de que não há períodos de maior ou menor sistematicidade, e a mudança linguística não afeta a estrutura da língua. Num processo de mudança, num sistema heterogêneo, com variabilidade ordenada, formas variantes (cujos valores são linguísticos e sociais) competem na língua, numa diferenciação sistemática que pode ser qualitativa e quantitativamente observada numa comunidade de fala. É importante destacar, no entanto, que mesmo nessa dinâmica de mapear a estrutura linguística e social num processo de variação, o tempo da observação não é o tempo do acontecimento da mudança, pois, mesmo que possamos fazer "fotografias sociolinguísticas" de diferentes estágios da mudança no processo de variação (diacronia) ou mesmo filmar esse processo (história), as temporalidades não coincidem.

Como já anunciado, retomamos muito sucintamente o projeto desenvolvido no Brasil de interseção entre a teoria da variação e mudança e as teorias da mudança no âmbito do gerativismo, entendendo, e seguindo Martins e Cavalcante (2021), que esse projeto se apresenta em duas fases: a sociolinguística paramétrica e a competição de gramáticas, que não se sobrepõem numa sucessão temporal.

A sociolinguística do "variar para mudar" entende a mudança como uma diferenciação quantitativa e qualitativa na remarcação de um parâmetro na

136   A linguística hoje

gramática de uma língua – variação intralinguística. Estudos que assumem essa perspectiva de análise entendem a variação e a mudança como o resultado de um processo de variação intralinguística, pensada nos mesmos termos daquela observada interlinguisticamente. Nesse sentido, a variação entre diferentes formas no curso dos séculos seria fruto de um realinhamento paramétrico – em termos quantitativos e qualitativos – na remarcação de um parâmetro na gramática dessa língua. Aqui, é preciso variar para mudar. Só há mudança quando há variação entre formas alternantes num sistema heterogêneo, pois a variação (e a mudança) é intrassistêmica. Nas palavras de Tarallo e Kato (2007 [1989]: 20), busca-se aqui "a compatibilidade entre as propriedades paramétricas do modelo gerativo e as probabilidades do modelo variacionista, seja para provar seu espelhamento e reflexo, seja para realinhar um modelo em função do outro". Defendem os autores um "direcionamento mútuo entre a variação intra- e interlinguística". Verticaliza-se a discussão sobre o problema da implementação, tal qual definido em Weinreich, Labov e Herzog (1968), para a propagação da mudança ou para o modo como uma mudança evolui no curso do tempo (contínuo diacrônico). Para o modelo do "variar para mudar", que ficou conhecido como *sociolinguística paramétrica*, o problema da implementação da mudança está diretamente relacionado ao fato de um dos muitos traços característicos da variação se difundir em um subgrupo específico de uma comunidade de fala e este traço linguístico então assumir uma certa significação social (Weinreich, Labov e Herzog, 2006 [1968]: 124). Na análise de diferentes fenômenos linguísticos, nessa perspectiva, por exemplo, as mudanças atestadas em diferentes fenômenos sintáticos no português do/no Brasil dos séculos XVIII, XIX e XX são interpretadas como mudanças qualitativas – no sentido de uma reorganização paramétrica/na propagação da mudança – que se refletem quantitativamente na gramática (ou nas diferentes fases) do português brasileiro (PB). Há sempre nas análises uma gramática do PB (da primeira e da segunda metade) do século XIX; uma gramática (da primeira e da segunda metade) do PB do século XX.

Em outra direção, o texto seminal de Kroch (1989) que busca os "reflexos da gramática em modelos de mudança linguística" levanta questões teóricas sobre fenômenos em mudança sintática que implicam diferentes gramáticas em competição e propõem outra maneira de considerar a variação e a mudança sintática pós-laboviana, ao articularem os postulados da teoria da variação e mudança com as teorias gerativistas da mudança (Martins, 2009; Martins, Coelho e Cavalcante, 2015; Martins e Cavalcante, 2021). O modelo de *competição de gramáticas* assume o conceito de mudança da teoria gerativa, entendendo que a observação empírica entre formas variáveis no curso do tempo é a competição entre diferentes formas geradas por diferentes gramáticas. Diferentemente do método de investigação defendido pela sociolinguística paramétrica, para o modelo de competição de gramáticas, a variação está sempre no universo do intrerlinguístico, tendo em vista que o que gera/motiva a variação na sintaxe poderá ser uma marcação paramétrica diferente que caracteriza necessariamente diferentes gramáticas. De acordo com o modelo, a observação na alteração na frequência de uso de determinado fenômeno sintático não pode ser interpretada como resultado de uma mudança gramatical em si e por si. Antes, pode ser o reflexo de uma mudança gramatical, isto é, estrutural, no sentido de que, quando um parâmetro na gramática for alterado, a mudança pode se refletir em diferentes fenômenos superficiais. Nesse sentido, é preciso antes mudar para então variar. O modelo de competição de gramáticas entende a implementação da mudança sintática quando, no período de aquisição, a criança adquire um parâmetro diferente daquele associado à gramática-alvo e essa mudança se reflete no contínuo temporal, imprimindo variação entre formas no uso.

Nesse sentido, quando falamos, por exemplo, em variação em textos escritos no curso dos séculos, o que vemos na empiria poderá ser o reflexo de diferentes gramáticas do português, entendidas como diferentes marcações paramétricas. Esses padrões instanciariam nos textos diferentes gramáticas do português (mas não apenas do PB!), de modo que o que se vê no contínuo temporal é uma instanciação de diferentes gramáticas do português – do PB, do português europeu (PE), do português clássico (PC).

QUE ESTUDOS PODEM SER DESENVOLVIDOS COM A LINGUÍSTICA HISTÓRICA?

Tomemos aqui, como exemplo de estudos que podem ser desenvolvidos em linguística histórica, a mudança na posição e colocação dos pronomes clíticos, que tem sido identificada na história como marcos de uma periodização ao longo dos séculos. Com o objetivo de apresentar um exercício de investigação na área com foco em dois dos modelos teóricos apresentados na seção anterior, tomemos a sintaxe dos pronomes pessoais clíticos em português. O estudo de Martins (2018), com base em textos jornalísticos dos oitocentos e novecentos – cartas de leitores, cartas de redatores e anúncios – apresenta um diagnóstico de que a variação na sintaxe de posição – (a) e (b) – e de colocação – (c), (d) e (e) – dos pronomes clíticos na escrita culta no Brasil dos séculos XIX e XX é bastante ampla:

138   A linguística hoje

a. uma presença bastante incipiente de próclise em sentenças matrizes com o verbo em primeira posição absoluta, no século XIX:

(1)   O Senhor Rangel procurou saber se apparecerão essas noticias nos Afogados? Estou que não. *SE indagou*. Constou-lhe que nunca se desse tal cousa? Duvido. Fica por tanto demonstrado que o Senhor Rangel, deixando de justificar-se do que se dizia a seu respeito, só quiz chamar pouco circumspecto, e calumniador ao Senhor Rego Albuquerque. [carta de leitor, jornal brasileiro do século XIX, Pernambuco]

b. um aumento significativo da próclise na escrita da segunda metade do século XIX em sentenças matrizes com um sujeito, um advérbio não modal ou um sintagma preposicional, não focalizados, em posição pré-verbal – ambiente [XP]V.

(2)   *A justiça SE apoderou* delle, e o jury se reunio. [carta de redator, jornal brasileiro do século XIX, Pernambuco]

c. a presença de interpolação do marcador de negação frásico "não" e de outros elementos em sentença matriz em textos do século XIX:

(3)   i. Eu *ME não julgo* criminoso e quando for chamado a contas appresentarei os titulos de minha defeza se he que os innocentes se justificão [carta de leitor, jornal brasileiro do século XIX, Rio de Janeiro]

ii. Implantem-se no animo nacional novos habitos, desperte-se, cultive-se e estenda se a iniciativa individual, e a organisação administrativa, ainda permanecendo a mesma, justificar-se-ha da imputação que *LHE hoje fazem*. [carta de leitor, jornal brasileiro do século XIX, Bahia]

d. a subida de clíticos e próclise ao verbo finito em ambientes sintáticos sem atratores:

(4)   O objetivo de tal união *SE póde precisar* sem dificuldades. [carta de redator, jornal brasileiro do século XIX, Ceará]

e. um aumento da próclise ao segundo verbo, sobretudo nas construções com auxiliares temporais, na segunda metade do século XIX:

(5)   Uma vez que os Cearenses naõ *podem SE ligar* em um só pensamento politico. [carta de redator, jornal brasileiro do século XIX, Ceará]

Esse mesmo quadro foi diagnosticado por Martins (2009) que investiga peças de teatro escritas por brasileiros nascidos ao longo dos séculos XIX e XX. A análise, por ano de nascimento dos autores, mostra a seguinte evolução nos ambientes (A), (B) e (C), associados à gramática do PB:

Figura 1 – Evolução da próclise em ambiente neutro [XP]clV; próclise a V1 absoluto e próclise ao verbo temático em complexos verbais na escrita brasileira dos séculos XIX e XX, por ano de nascimento dos autores.

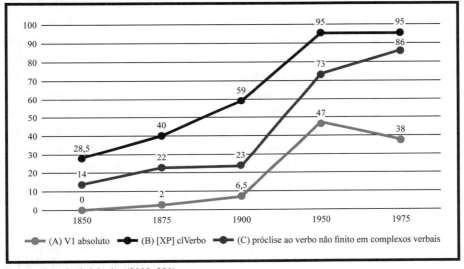

Fonte: adaptado de Martins (2009: 291).

Como interpretar esse quadro é um exercício de investigação em linguística histórica, interessa ao pesquisador a interpretação – tempo do conhecimento – de dados coletados em *corpora* de tempos passados – tempo do acontecimento –, no sentido de reconstruir, sempre teoricamente, o percurso de processos de mudança linguística. Qual é, pois, o percurso da mudança na sintaxe dos pronomes clíticos na escrita brasileira? No modelo do "variar para mudar", podemos interpretar que há, no curso dos séculos XIX e XX, um processo de variação em todos os contextos sintáticos que leva à mudança em direção (A) à próclise em primeira posição absoluta na oração e no período em sentenças matrizes, (B) à próclise no ambiente neutro [XP]V nas sentenças matrizes afirmativas com um único verbo, e (C) à próclise ao verbo não finito nas sentenças com dois verbos. Cada uma dessas mudanças é fruto de um processo de variação que constrói sua história na disputa de formas que se alternam entre si no curso do tempo. Vejam que a próclise ambiente neutro [XP]clV (A) e a próclise ao verbo lexical nos predicados complexos (C) estão já com frequência de uso

140 A linguística hoje

bastante alta em textos do final do século XX, o que mostra um caminho de implementação diferente da próclise a V1 absoluto (B), que atinge uma média de 45% na escrita do século XX. A exemplo do que mostram Pagotto e Duarte (2005) e Cavalcante, Duarte e Pagotto (2011) com a análise das cartas dos avós Ottoni, escritas na segunda metade do século XIX no Rio de Janeiro, a mudança é entendida a partir do processo de variação entre as formas num complexo tecido que envolve condicionadores de ordem estrutural e social-estilística. É, pois, a variação que leva à mudança, e esta pode ou não se implementar (aqui empregado na acepção do problema da implementação de Labov). Há diferentes fases pelas quais passou/está passando o português brasileiro que se revela quantitativa e qualitativamente, nos termos do "tudo ou nada" numa "harmonia transistêmica" delineada por Tarallo e Kato (1989).

Numa outra perspectiva de análise, podemos interpretar esse quadro como resultado de um processo segundo o qual é preciso "mudar para variar", e aqui o processo de variação observado na sintaxe de posição e colocação dos pronomes clíticos pode refletir uma mudança já implementada na gramática do português brasileiro e que se deixa mostrar na escrita por meio de diferentes contextos.

O QUE EU PODERIA LER PARA SABER MAIS?

Para conhecer mais sobre as diferentes perspectivas para o estudo da mudança linguística, objeto de estudo da linguística histórica, recomendamos a leitura de *Tempos linguísticos – itinerário histórico da língua portuguesa*, de Fernando Tarallo, publicado pela editora Ática, em 1990; *Caminhos da linguística histórica – ouvir o inaudível*, de Rosa Virgínia Mattos e Silva, publicado pela editora Parábola em 2008, 1ª edição. Para conhecer diferentes perspectivas teóricas e a sua aplicação a fenômenos de mudança, organização de *corpora* e caminhos da história social do português do/no Brasil, recomendamos a leitura da coleção (11 volumes) da "História do Português Brasileiro", com a coordenação geral de Ataliba de Castilho, publicada pela Editora Contexto.

Nota

[1] Para uma discussão detalhada das diferentes perspectivas teóricas para o estudo da mudança linguística, remeto o leitor a Tarallo (1990) e Mattos e Silva (2016) – obras citadas na seção "O que eu poderia ler para saber mais?".

Referências

CAVALCANTE, S.; DUARTE, M. E. L.; PAGOTTO, E. Clíticos no século XIX: uma questão de posição social?. In: CALLOU, D.; BARBOSA, A. (org.) *A norma brasileira em construção*: cartas a Rui Barbosa (1866 a 1899). Rio de Janeiro: Fundação Casa de Rui Barbosa / UFRJ, 2011.

CROWLEY, T; BOWERN, C. *Historical linguistics.* New York: Oxford, 2010.

DUARTE, M. E. L.; PAGOTTO, E. Gênero e norma: avós e netos, classes e clíticos no final do século XIX. In: LOPES, C. R. S. (org.). *A norma brasileira em construção: fatos linguísticos em cartas pessoais do século 19.* Rio de Janeiro: In-Fólio, 2005, pp. 67-82.

ILARI, R. *Linguística românica.* São Paulo: Ática, 1992.

KOERNER, E. F. K. *Quatro décadas de historiografia linguística*: estudos selecionados. Braga: Publito, 2014.

PAIXÃO DE SOUSA, M. C. Linguística histórica. In: PFEIFFER, C.; NUNES, J. H. (orgs.). *Introdução às ciências da linguagem:* língua, sociedade e conhecimento. v. 3, Campinas: Pontes, 2006.

LIÃO, D. N. Origem das Lingoa Portuguesa. Lisboa: Pedro Craesbeck. BN Res. 277//1 V; fac-símile, 1606. Disponível em: <http://purl.pt/50/>. Acesso em: jan. 2023.

KROCH, A. Reflexes of grammar in patterns of language change. language. *Variation and Change.* n. 1, 1989, pp. 199-244.

LABOV, W. *The Stratification of English in the New York City.* Washington: Center for Applied Linguistics, 1982.

LABOV, W. *Padrões sociolinguísticos.* São Paulo: Parábola, 2008.

MARTINS, M. A. *Competição de gramáticas do português na escrita catarinense dos séculos 19 e 20.* Florianópolis, 2009. Tese (Doutorado em Linguística) – Programa de pós-graduação em Linguística, Universidade Federal de Santa Catarina.

MARTINS, M. A. A sintaxe dos pronomes pessoais clíticos na história do português brasileiro. In: CYRINO, S.; TORRES MORAIS, M. A. (orgs.). *Mudança sintática do português brasileiro:* perspectiva gerativista. São Paulo: Contexto, 2018.

MARTINS, M. A; CAVALCANTE, S. Os estudos em sintaxe diacrônica no Brasil: um balanço crítico. *Working Papers em Linguística.* v. 22, n. 2, 2021.

MARTINS, M. A.; COELHO, I; CAVALCANTE, S. Variação sintática e gerativismo. In: MARTINS, M. A.; ABRAÇADO, J. *Mapeamento sociolinguístico do português brasileiro.* São Paulo: Contexto, 2015.

MATTOS E SILVA, R. V. *Caminhos da linguística histórica* – ouvir o inaudível. São Paulo: Parábola, 2008.

TARALLO, F.; KATO, M. A. Harmonia trans-sistêmica: variação inter e intralinguística. *Preedição.* n. 5, 2007.

WEINREICH, U.; LABOV, W.; HERZOG, M. *Fundamentos empíricos para uma teoria da mudança linguística.* Trad. Marcos Bagno. São Paulo: Parábola, 2006 [1968].

Linguística popular

Roberto Leiser Baronas
Marcelo Gonçalves
Marilena Inácio

O QUE É A LINGUÍSTICA POPULAR?

Em 1966, na Universidade da Califórnia, o pesquisador alemão Henry M. Hoeningswald, radicado na Universidade da Pensilvânia nos EUA, ministra uma conferência intitulada "Uma proposta para o estudo da linguística popular"[1]. Nessa conferência, com a presença de inúmeros outros ilustres pesquisadores como Bright, Hymes, Haugen, Ferguson, Samarin e Labov, este último o estudioso da linguística histórica, nos chama a atenção para o fato de que, enquanto pesquisadores da linguagem, deveríamos estar interessados não apenas em:

> a) o que acontece (idioma), mas também em b) *como as pessoas reagem ao que acontece (se são persuadidas, se são afastadas etc.)* e c) *o que as pessoas dizem sobre a linguagem.* Não adianta descartar esses modos de conduta secundários e terciários apenas como fontes de erros (Hoeningswald, 2021[1966]: 27, grifos nossos).

Essa conferência, não sem uma salutar e pertinente controvérsia (Gonçalves, 2021; Becker, 2022), é considerada pela maioria dos estudiosos da linguística popular (francófona e anglófona, especialmente) como o texto inaugural do campo, estabelecendo os seus dois principais eixos de trabalho: 1) as reações das pessoas em relação ao que é dito e 2) o que as pessoas dizem sobre a língua. Tais eixos vão abarcar questões muito variadas, que buscam dar conta das avaliações, atitudes, crenças, percepções e intuições linguísticas dos falantes. Ao longo da história da linguística, entre outros domínios, a pragmática vai acabar incorporando o primeiro eixo de trabalho e a sociolinguística, nas suas distintas ondas, vai acabar mobilizando o segundo eixo como objeto de discussão.

144 A linguística hoje

No entanto, sobretudo, a partir dos trabalhos de Niedzielski e Preston (2003), autores da primeira obra de fôlego do campo, *Folk linguistics*, a linguística popular vai reconfigurar as questões relacionadas à percepção, à avaliação e à intuição linguísticas, tomando-as como estados e processos cognitivos que governam o que as pessoas dizem. Esse tipo de abordagem, segundo Preston (2021 [2008]: 40-1) se justifica por quatro razões:

> A primeira é de ordem etnolinguística: praticar linguística popular (aqui, doravante LP) é indispensável para quem deseja proceder a etnografia completa de uma comunidade linguística. Se ignorarmos o que os não linguistas creem a propósito da linguagem ou de sua língua, perdemos a oportunidade de complementar nossos conhecimentos sobre o que talvez seja um dos elementos mais importantes de sua cultura. A segunda razão é estritamente linguística: a LP deve ser feita se alguém se interessa pelas intuições daqueles que usam a linguagem no cotidiano. Como poderíamos fingir que os linguistas não obteriam informações preciosas sobre a linguagem ouvindo os locutores populares que falam com perspicácia? A terceira razão diz respeito à variação e mudança linguística: seria surpreendente que a LP não tocasse em muitos dos elementos envolvidos na variação e mudança linguística. Em matéria de LP, muita coisa se passa no nível subconsciente, certamente, mas não todas, e as indicações que isso nos daria sobre os vencedores e perdedores da variação e da mudança deveriam ser interessantes, se não explicativas. A última razão diz respeito à linguística aplicada: podemos imaginar fazer LP sem saber quais são, em termos de LP, as representações do grupo com as quais será preciso trabalhar? Se o fizermos, nos expomos ao pior desastre ou, na melhor das hipóteses, a um enorme desdém pelas expectativas daqueles por quem trabalhamos.

Em 2008, Guy Achard-Bayle e Marie-Anne Paveau organizam um dossiê na revista francesa *Pratiques: linguistique, littérature, didactique*[2], cujo título no formato pergunta é justamente "Linguística popular?". Esse dossiê organizado a partir de três seções e constituído por artigos de pesquisadores/as de diversos países, notadamente Estados Unidos, França e Alemanha, indica que, para além dos comentários metalinguísticos, estão presentes como objeto de reflexão da linguística popular também os metadiscursos dos falantes comuns.

A ampliação no escopo de trabalho da linguística popular vai ficar mais explícita com a publicação em 2018/2019 do número 14 da revista francesa *Les Carnets du Cediscor*[3], organizado por Pascale Brunnet, Anna-Charlotte

Husson e Vera Neusius, cujo título da edição é justamente "Os metadiscursos dos não linguistas". Esse número organizado em duas partes busca compreender os metadiscursos produzidos pelos não linguistas com base em diferentes objetos de análise, que vão desde uma reflexão sobre o papel dos não linguistas na elaboração dos dicionários colaborativos online até uma discussão sobre as implicações epistemológicas, políticas e éticas da abordagem da linguística popular em relação às teorias feministas.

No contexto brasileiro, a linguística popular irrompe de forma mais sistemática com a publicação, em janeiro de 2020, na revista *Fórum Linguístico* da UFSC, do dossiê intitulado "Linguística popular/folk linguistics e linguística científica: em vez do versus, propomos a integração"[4]. Compõem esse dossiê seis artigos que refletem sobre os mais diferentes temas atinentes à linguística popular, se propondo a evidenciar que os enunciados populares sobre as práticas linguísticas não são necessariamente crenças falsas, equivocadas, a serem eliminadas da ciência. Constituem, ao contrário, saberes perceptivos, subjetivos, militantes e (in)completos a serem integrados aos dados científicos da linguística.

Nesse espírito científico integrativo, em março de 2020, com apoio da Capes e da Fapesp, é realizado na Universidade Federal de São Carlos – UFSCar, em São Carlos, o I Seminário Internacional de Estudos em Linguística Popular – SIELiPop: homenagem a Amadeu Amaral[5]. Essa justa homenagem a Amadeu Amaral se deu por conta do centenário de publicação do seminal livro *O dialeto caipira*, um dos mais belos exemplos de um trabalho realizado por um não linguista sobre a linguagem. Em março de 2023, com apoio da Capes, também na UFSCar, em São Carlos, é realizada a segunda edição do SIELiPop. Nessa edição, os homenageados foram Mário de Andrade, especialmente por conta do seu livro *A gramatiquinha da fala brasileira*, e Antenor Nascentes pelo centenário de publicação do seu livro *O linguajar carioca*[6].

De 2020 até os dias atuais, com um claro objetivo de institucionalização da linguística popular no campo dos estudos da linguagem brasileiros, além do dossiê publicado na revista *Fórum Linguístico* e do oferecimento sistemático de disciplinas na graduação e na pós-graduação da UFSCar e da UFMT, foram publicados mais três outros: 1) "Linguística popular", publicado na revista *Estudos da Língua(gem)*[7], da Universidade do Sudoeste da Bahia, UESB, de Vitória da Conquista; 2) "Linguística popular/Folk linguistics", publicado na revista *Porto das Letras*[8], da Universidade Federal de Tocantins – UFT e 3) "Linguística popular e estudos do discurso: uma relação de nunca acabar"[9], publicado na revista *Cadernos de Semiótica Aplicada – CASA*, da FCL/Unesp, campus de Araraquara.

O QUE A LINGUÍSTICA POPULAR ESTUDA?

Com base na oposição que propôs Brekle (1984) entre práticas linguageiras e práticas linguísticas, no âmbito da linguística popular, Paveau (2008/2018) organiza o campo de estudos estabelecendo quatro tipos de práticas linguísticas realizadas pelos não linguistas. Cumpre destacar que a linguística popular se ocupa das práticas linguísticas e não das práticas linguageiras. Paveau (2020) distingue as primeiras, que sempre envolvem uma atividade metadiscursiva, das segundas, que se referem a uma reflexão acerca dos usos da língua. Enquanto a linguística científica privilegia o estudo dos usos linguageiros das pessoas comuns, buscando descrever, explicar ou interpretar tais usos, a linguística popular abarca as práticas linguísticas, isto é, a produção de saberes sobre a linguagem por não linguistas. Esses saberes não podem ser nem refutados e nem comprovados: funcionam como crenças que incitam a determinadas ações.

Com efeito, para além da razoabilidade dos argumentos, um conjunto de evidências, um método, toda a ciência tem um léxico especializado. Para a sua validação perante à filosofia da ciência, todos esses elementos são levados em consideração. No que concerne à linguística popular, os critérios de validação são outros, visto que se trata de um saber prático, produzido por não linguistas. A título de ilustração, em agosto de 2020, quando a cantora Anitta[10] inicia uma campanha na web para que o Google troque no seu dicionário as definições do verbete *patroa* – "mulher do patrão" e "dona de casa" – por considerá-las machistas e preconceituosas, e o site de buscas, dada a repercussão social, altera as definições para "proprietária ou chefe de um estabelecimento privado comercial, industrial, agrícola ou de serviços, em relação aos seus subordinados; empregadora", o que está em jogo não é a capacidade profissional lexicográfica de Anitta, se foi fiel ou não ao método científico da lexicografia, mas como, a partir de uma prática linguística, ela interveio na sociedade, contribuindo para a resolução de um problema real. Esse exemplo nos mostra que linguística popular definitivamente não opera com o postulado científico da neutralidade dos saberes. Para além e aquém da neutralidade, os saberes são atravessados por interesses humanos. Nesse sentido, Vicari (2016: 52) assevera:

> os saberes populares estão inseridos em termos cognitivos e funcionais: eles permitem aos não linguistas dar conta do desenvolvimento exterior e se orientar nas situações precisas, na comunicação ordinária, tanto oral quanto escrita; [esses saberes] constituem um meio utilizado para a resolução dos problemas do mundo real, e representam também uma espécie de guia para os comportamentos a serem adotados (tradução nossa).

Segundo Paveau (2020), as práticas linguísticas podem ser de natureza descritiva, prescritiva, intervencionista e militante. Examinemos cada uma dessas práticas mobilizando alguns exemplos que circulam em diferentes ambientes.

1. Práticas descritivas: um bom exemplo de uma prática descritiva engendrada por não linguistas é a campanha publicitária iniciada por jornalistas esportivos brasileiros e a Fundação Pelé para a dicionarização do termo *Pelé*, logo após a morte do Rei do Futebol, no final de 2022. Essa campanha com mais de 125.000 assinaturas resultou na criação do verbete por parte do Dicionário Michaelis, da Editora Melhoramentos, e logo foi seguida por outros dicionários:

   pe.lé adj m+f sm+f que ou aquele que é fora do comum, que ou quem em virtude de sua qualidade, valor ou superioridade não pode ser igualado a nada ou a ninguém, assim como Pelé, apelido de Edson Arantes do Nascimento (1940-2022), considerado o maior atleta de todos os tempos: excepcional, incomparável, único. Exemplos: Ele é o pelé do basquete. Ela é a pelé do tênis. Ela é a pelé da dramaturgia brasileira. Ele é o pelé da Medicina.

Quando o site do UOL noticia a publicação do verbete *Pelé* pelo dicionário Michaelis, em 26 de abril de 2023, no espaço destinado aos comentários, um internauta assevera: "Aqui no Rio Grande do Norte, já existia o termo 'pelé' com outra conotação: aquele esperto que sabe driblar qualquer situação. Ex.: 'Fulano enganou a esposa saindo com outra mulher. É um pelé'. Há variação como 'pelezão' e 'pelezona'"[11].

O comentário metalinguístico do internauta, uma espécie de metáfora dos saberes linguísticos de um determinado grupo social, *Aqui no Rio Grande do Norte, já existia o termo "pelé" com outra conotação*, é muito pertinente, pois acrescenta ao verbete *Pelé*, além do sentido proposto pelo Michaelis, "aquele que é fora do comum, excepcional", outro, a saber, o do esperto, astuto. Além disso, esse internauta fala da variação "pelezão e pelezona". Esse dado, por mais simples que possa parecer, juntamente com a dicionarização, nos mostra que *Pelé*, uma espécie de alcunha que designa o maior atleta de todos os tempos, é também um "acontecimento linguístico" (Guilhaumou, 2009), isto é, evidencia como os sujeitos falantes a partir de seus saberes metalinguísticos mobilizam os instrumentos linguísticos disponíveis para legitimar as suas inovações linguísticas.

148   A linguística hoje

2. Práticas prescritivas: esse tipo de prática é a mais comum na nossa sociedade e está presente desde alhures em diferentes ambientes. Trata-se de uma questão de falar "bem" ou "mal", de falar uma "boa" ou uma "má" língua. As prescrições concernentes aos usos são atinentes a um normativismo forte, aliado ao purismo (condenação de empréstimos, de neologismos, da linguagem inclusiva etc.). Esse tipo de prática está ancorado frequentemente em duas das zonas mais instáveis da língua, o léxico e a ortografia. Em alguns países como a França, a ortografia é uma espécie de obsessão cultural nacional e permanece como uma potente ferramenta de segregação social. O léxico, por sua vez, é igualmente um lugar privilegiado de expressão da cultura elitista e, no caso brasileiro, nos parece que é também uma obsessão cultural nacional. Nesse sentido, é difícil de inventariar o sem-número de trabalhos que buscam normatizar os "bons" usos linguísticos e/ou recolher as palavras "bonitas", "feias", "raras", "desaparecidas" ou "novas", que devem ser cultivadas ou encontradas para alimentar a "riqueza da língua". Cumpre destacar que as práticas prescritivas também são engendradas por pessoas com alguma formação na área de letras e de linguística.

3. Práticas intervencionistas: os não linguistas propõem também intervenções sobre a língua. Trata-se de proposições frequentemente espontâneas, geralmente regularizantes e destinadas a facilitar os usos linguísticos, tornando-os mais acessíveis. No português brasileiro, há inúmeros termos ou expressões que foram introduzidos inicialmente por determinados grupos sociais e que, com o tempo, passaram a ser utilizados por uma comunidade maior. Um bom exemplo e bastante atual são os termos *kingo* e *kinga*, muito utilizado nas redes sociais, especialmente no Twitter. Os termos vêm de *king* – rei em inglês –, e os não linguistas inseriram uma desinência em forma de "o" e "a" finais, que usamos geralmente nos substantivos em português para marcar o feminino e o masculino. Incorporamos esses termos no português com um sentido de exaltação positiva de determinada coisa ou pessoa. "O kingo foi ótimo na apresentação". Um outro bom exemplo é a palavra-valise "sipá", criado inicialmente pelos jovens no início dos anos 2000, a partir da partícula "se" + o elemento "pá" e que significa *talvez*, *quem sabe* e é muito utilizado atualmente por diferentes grupos sociais: "Sipá apareço naquela festa". Ainda um outro bom exemplo é o uso do neologismo "sextar" para anunciar o fim de semana que se

aproxima, criando um verbo que se encaixa no paradigma da primeira conjugação, a mais produtiva no sistema gramatical do português.

4. Práticas militantes: são as práticas linguísticas que visam tornar a sociedade mais igualitária. Nesse sentido, somente para ficarmos em pequenos exemplos de práticas militantes, quando os jornalistas Vitor Angelo Scippe e Fred Libi publicam em 2006 o *Dicionário Aurélia: a dicionária da língua afiada,* pela Editora Bispa, uma espécie de metáfora de saberes partilhados pela comunidade LGBTQIAPN+, buscam mostrar que mais do que uma simples tecnologia, cujo objetivo é instrumentalizar uma determinada variedade linguística, mostrando a sua condição de subalternidade em relação não só ao que seria a norma padrão ou a outras variedades de prestígio, ou um símbolo de nacionalidade, a *Aurélia* se constitui num discurso de militância sobre a língua da comunidade LGBTQIAPN+.

Um outro bom exemplo de prática militante produzida por não linguistas é a recente tradução para a língua nheengatu da *Constituição brasileira* de 1988[12]. Essa tradução, realizada sob os auspícios do Supremo Tribunal Federal – STF e do Conselho Nacional de Justiça – CNJ, foi levada a cabo por um grupo de pessoas indígenas bilíngues, moradoras da região do Alto Rio Negro e Médio Tapajós, por conta da comemoração do marco da Década Internacional das Línguas Indígenas (2022-2032) da ONU. Segundo Inory Kanamari, uma das tradutoras, em matéria publicada no site do UOL, em 12/08/2023[13], esse gesto de tradução da *Constituição* para o nheengatu é uma forma de resistência.

Eu tenho 38 e desde os meus 18 tinha esse sonho. Sempre pensava que queria ver a *Constituição* traduzida para nós antes de morrer. Ser indígena fecha portas e a questão linguística reforça isso. Agora, mais brasileiros estarão cientes dos próprios direitos. E isso vai abrir portas para outras traduções em outras línguas indígenas. É só o começo.

QUAIS SÃO AS GRANDES LINHAS DE INVESTIGAÇÃO?

No prefácio do livro *Folk Linguistics* (2003), os pesquisadores Nancy Niedzielski e Dennis Preston apresentam o modelo proposto para os estudos em linguística popular, inicialmente elaborado a partir das três questões lá atrás propostas para o campo por Henry Hoeningswald (2020 [1966]):

Figura 1 – O lugar da linguística popular nos estudos da linguagem.

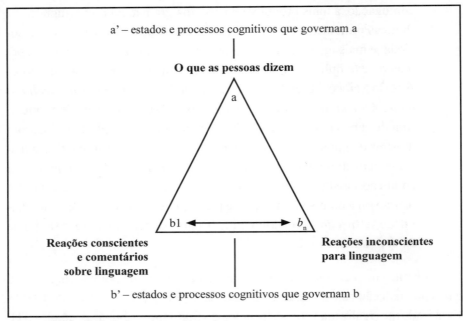

Fonte: adaptado de Niedzielski e Preston (2003: xi).

No nosso entendimento, essa proposta de Niedzielski e Preston (2003), uma reconfiguração da proposta inicial de Hoeningswald, pode ser repensada e reescrita com base em Achard-Bayle e Paveau (2020) em quatro grandes linhas de pesquisa: 1) formas e domínios da linguística popular; 2) validade e legitimidade das teorias espontâneas; 3) compreensão da dimensão sociocognitiva dos metadiscursos dos não linguistas e 4) linguística popular e ensino de língua.

QUE ESTUDOS PODEM SER DESENVOLVIDOS COM A LINGUÍSTICA POPULAR?

Com base nas quatro grandes linhas de investigação da linguística popular, anteriormente citadas, é possível desenvolver um bom número de estudos. Nesse sentido, em relação à linha "formas e domínios da linguística popular" é possível realizar um trabalho semelhante ao de Kaja Dolar (2021) intitulado "Os dicionários colaborativos on-line: objetos metalinguísticos profanos"[14], no qual a autora busca, por um lado, apresentar esses dicionários colaborativos como objetos metalinguísticos espontâneos e, por outro, estudar as particularidades metalinguísticas desse gênero discursivo que é relativamente recente e que coloca questões que a lexicologia tradicional não dá conta de resolver. No que concerne à linha validade e legitimidade das teorias espontâneas, seria possível realizar um trabalho semelhante ao de Achard-Bayle e Paveau (2020), "Linguística popular – a linguística fora do templo: definição, geografia e dimensões"[15], no qual os autores refletem sobre esse campo de estudos a partir de questões de natureza epistemológica, teórica e prática, que, no entendimento dos pesquisadores, são fundamentais para que o campo amplo das ciências da linguagem seja alçado a um dinamismo seguro sem binarismos de qualquer natureza. Em outros termos, é preciso pensar os saberes linguísticos não apenas em termos de validade científica, mas também sobre validade social. No que tange à terceira linha – compreensão da dimensão sociocognitiva dos metadiscursos dos não linguistas –, um estudo possível seria compreender como os conhecimentos linguísticos populares são construídos e funcionam. Esses conhecimentos são adquiridos nos e pelos discursos, que circulam nos diferentes contextos sociais dos quais os locutores fazem parte. Se o discurso está no centro do mecanismo de aquisição e de circulação de crenças de conhecimentos partilhados, parece-nos pertinente refletir sobre a natureza desses conhecimentos elaborados coletivamente e pesquisar as condições "discursivas" pelas quais esses conhecimentos são veiculados e aceitos sob a forma de evidência partilhada pelos membros da comunidade linguística. Por último, no que se refere à quarta linha – linguística popular e ensino de língua –, seria possível realizar um trabalho semelhante ao "Percepções cruzadas de russofalantes e de portugueses: uma perspectiva da linguística popular", de Tatiana Guzeva e Maria Helena Ançã, no qual as autoras discutem algumas das estratégias de ensino que se mostram muito eficientes e que foram utilizadas com base na linguística popular para ensinar a língua portuguesa a migrantes russos que se estabeleceram em Portugal a partir do início do século XXI.

O QUE EU PODERIA LER PARA SABER MAIS

Além dos dossiês citados no início deste capítulo, merecem uma renhida leitura as seguintes publicações em português: *Linguística popular/Folk linguistics: práticas, proposições e polêmicas*, publicado em 2020; *Linguística folk: uma introdução*, publicado em 2020; *O amargo da língua de Bolsonaro: discurso e linguística popular*, publicado em 2021; *Linguística popular/Folk linguistics: saberes linguísticos de meia tigela?*, publicado em 2021; *Linguística popular: contribuições*

152 A linguística hoje

às ciências da linguagem, publicado em 2021 e *Estudos em linguística popular/folk linguistics no Mato Grosso: primeiras aproximações*, publicado em 2021. Além dos títulos em português brasileiro, merecem uma atenta leitura os livros publicados em línguas estrangeiras (alemão, inglês, espanhol e francês): Antos (1996), Niedzielski e Preston (2003), Murillo (2006), Vicari (2016).

À guisa de conclusão, cumpre asseverar que a linguística popular, ao trazer para o centro do debate os metadiscursos das pessoas comuns sobre a língua e, além disso, como esses saberes são compartilhados pelos membros de uma determinada comunidade, construindo uma evidência partilhada, coloca os sujeitos produtores desses discursos como coopartícipes na produção do conhecimento. Esses sujeitos não são mais objetos do conhecimento (a sua língua em diferentes níveis e funções), mas, sim, os coautores desse conhecimento, cujo objetivo primeiro não é descrever, explicar ou interpretar o funcionamento linguístico, mas, por meio de suas práticas linguísticas, produzir um saber prático, que busca intervir no mundo real.

Notas

[1] Ver Baronas, Conti e Gonçalves (2021: 20-38).

[2] Ver: https://journals.openedition.org/pratiques/1168. Acesso em: out. 2023.

[3] Ver: https://journals.openedition.org/cediscor/1089. Acesso em: out. 2023.

[4] Ver https://periodicos.ufsc.br/index.php/forum/article/view/1984-8412.2019v16n4p4254. Acesso em: out. 2023.

[5] A programação completa do evento está disponível em https://sielipopufscar.wixsite.com/sielipop. Acesso em: out. 2023.

[6] Uma edição revista desse livro e com os paratextos (Posfácio e Prefácio) de Vanderci Andrade Aguilera e Raquel Freitag está no prelo para a publicação.

[7] Ver v. 19 n. 2 (2021): *Estudos da Língua(gem)* - ISSN: 1982-0534 | Estudos da Língua(gem) (uesb.br). Disponível em: https://periodicos2.uesb.br/index.php/estudosdalinguagem/issue/view/469. Acesso em: out. 2023.

[8] Disponível em: https://sistemas.uft.edu.br/periodicos/index.php/portodasletras/issue/view/578. Acesso em: out. 2023.

[9] Ver v. 15, n. 2, dez. 2022. Disponível em: https://periodicos.fclar.unesp.br/casa/issue/view/892. Acesso em: out. 2023.

[10] Uma breve discussão sobre essa questão está disponível em https://f5.folha.uol.com.br/celebridades/2020/09/anitta-reclama-de-significado-de-patroa-no-dicionario-do-google-site-se-pronuncia.shtml. Acesso em: out. 2023.

[11] Para a matéria e o comentário, ver https://www.uol.com.br/esporte/futebol/ultimas-noticias/gazeta-esportiva/2023/04/26/pele-e-eternizado-como-verbete-do-dicionario-michaelis-aquele-que-e-fora-do-comum.htm. Acesso em: out. 2023.

[12] A constituição brasileira em língua nheengatu está disponível em https://www.cnj.jus.br/wp-content/uploads/2023/07/constituicao-nheengatu-web.pdf. Acesso em: out. 2023.

[13] Disponível em https://tab.uol.com.br/noticias/redacao/2023/08/12/presidente-e-cacique-temporario-a-1-constituicao-em-lingua-indigena.htm. Acesso em: out. 2023.

[14] Ver https://www.letraria.net/wp-content/uploads/2021/06Linguistica-popular-contribuicoes-as-ciencias-da-linguagem.pdf. Acesso em: out. 2023.

[15] Ver https://periodicos.ufsc.br/index.php/forum/article/view/1984-8412.2019v16n4p4257. Acesso em: out. 2023.

Referências

BARONAS, R. L.; COX, M. I. P. *Linguística popular/Folk linguistics*: práticas, proposições e polêmicas. Campinas: Pontes, 2020.

BARONAS, R. L.; CONTI, T. C. B; GONÇALVES, M. R. B. *Linguística popular/Folk lingusitics*: saberes linguísticos de meia tigela?. Campo Grande: EdUFMS, 2021.

BECKER, L. La lingüística popular y la glotopolítica: afinidades y divergencias. Youtube, 04 de março de 2022. Disponível em https://www.youtube.com/watch?v=34XRbrZMP2s

GONÇALVES, M. R. B. A linguística popular e a historiografia linguística. *Revista da Abralin*. [*S. l.*], v. 20, n. 3, 2021, pp. 609-620.

HOENINGSWALD, H. Uma proposta para o estudo da linguística popular. In: BARONAS, R. L.; CONTI, T. C. B; GONÇALVES, M. R. B. *Linguística popular/Folk lingusitics*: saberes linguísticos de meia tigela? Campo Grande: EdUFMS, 2021.

GUILHAUMOU, J. *Linguística e história*: percursos analíticos de acontecimentos discursivos. Trad. Roberto Leiser Baronas et al. São Carlos: Pedro & João Editores, 2009.

MICHAELIS Dicionário Brasileiro da Língua Portuguesa. Melhoramentos. Pelé. Acesso em: 18 jul. 2023.

PRESTON, D. *O que é linguística popular?* Uma questão pertinente para as ciências. In: BARONAS, R. L.; CONTI, T. C. B; GONÇALVES, M. R. B. *Linguística popular/Folk lingusitics*: saberes linguísticos de meia tigela? Campo Grande: EdUFMS, 2021.

VICARI, S. *Pour une approche de la linguistique populaire en France*: attitudes, prédiscours, questions de confiance. [*S.l.*]: Aracne editrice int.le S.r.l., 2016.

Os organizadores

Gabriel de Ávila Othero é professor de Linguística, nos níveis de graduação e pós-graduação, da Universidade Federal do Rio Grande do Sul (UFRGS). É autor do livro *Teoria X-barra*, coautor de *Conceitos básicos de linguística: sistemas conceituais*, *Conceitos básicos de linguística: noções gerais* e *Para conhecer sintaxe*, além de coorganizador de *Sintaxe, sintaxes: uma introdução*, *Chomsky: a reinvenção da linguística* e *Saussure e a Escola de Genebra*.

Valdir do Nascimento Flores é professor titular de Língua Portuguesa, nos níveis de graduação e pós-graduação, da Universidade Federal do Rio Grande do Sul (UFRGS). Pesquisador PQ-CNPq, é coorganizador dos livros *Dicionário de linguística da enunciação*, *Saussure* e *Saussure e a Escola de Genebra*, coautor de *Enunciação e discurso*, *Semântica, semânticas: uma introdução*, *Introdução à linguística da enunciação*, *Enunciação e gramática*, *Conceitos básicos de linguística: sistemas conceituais*, *Conceitos básicos de linguística: noções gerais*, e autor de *A linguística geral de Ferdinand de Saussure*.

Os autores

Angélica Furtado da Cunha é professora emérita pela Universidade Federal do Rio Grande do Norte, professora titular de Linguística da UFRN, membro do grupo de estudos Discurso & Gramática e pesquisadora do CNPq. Pela Contexto é coautora dos livros *Práticas de ensino do português*, *Manual de linguística* e *História do português brasileiro vol. V*.

Cristina Altman é professora titular do Departamento de Linguística da Universidade de São Paulo. Realizou estágios pós-doutorais na Universidade de Harvard e no M.I.T. (1999); na Universidade de Amsterdam (2006); no Instituto Iberoamericano de Berlim em duas ocasiões (2009 e 2014) e na Tokyo University of Foreign Studies (2010). Especializou-se em historiografia linguística. É coautora de *Historiografia da linguística* e de *Saussure: a invenção da linguística*.

Giulia Bossaglia é professora adjunta de Linguística Comparada na Universidade Federal de Minas Gerais. Atualmente se dedica ao estudo das variedades diatópicas do português em África, Ásia e Brasil, com foco na diamesia falada e à luz da linguística de contato.

Marcelo Gonçalves é professor associado no campus de Coxim da Universidade Federal de Mato Grosso do Sul e no Programa de Pós-Graduação em Letras do campus de Três Lagoas – UFMS.

Marco Martins é professor no Departamento de Língua e Literatura Vernáculas e no Programa de Pós-graduação em Linguística da UFSC; bolsista produtividade PQ-2 do CNPq e pesquisador dos Projetos PHPB e Varsul. É co-organizador de *Mapeamento sociolinguístico do português brasileiro* e coautor dos volumes IV e VI de *História do português brasileiro*.

158 A linguística hoje

Margarida Petter é professora livre-docente aposentada do Departamento de Linguística da Universidade de São Paulo (USP). Trabalha na área de linguística africana e de contatos do português com as línguas africanas. Organizou a obra *Introdução à linguística africana,* publicada pela Contexto, além de ser coorganizadora da obra *África no Brasil* e coautora dos livros *Introdução à linguística I e II, Novos caminhos da linguística* e *História do português brasileiro v. IX.*

Marilena Inácio é professora de linguística no campus de Alto Araguaia na Universidade do Estado de Mato Grosso e no Programa de Pós-Graduação em Letras da Unemat-Sinop.

Mário A. Perini é professor emérito na Universidade Federal de Minas Gerais. Tem doutorado em linguística pela Universidade do Texas, e já atuou como professor na UFMG, na Unicamp e na PUC-Minas, assim como nas universidades de Illinois e Mississippi. Atualmente trabalha na descrição do português falado do Brasil. É coautor de *Sintaxe, sintaxes: uma introdução.*

Marlete Sandra Diedrich é professora do Programa de Pós-Graduação em Letras da Universidade de Passo Fundo, RS. Tem mestrado em Linguística (PUC-RS) e doutorado em Letras pela Universidade Federal do Rio Grande do Sul – UFRGS.

Renato Miguel Basso é professor da Universidade Federal de São Carlos. Pesquisa a descrição de fenômenos linguísticos usando as ferramentas da semântica e pragmática formais, com ênfase em semântica do verbo e dos indexicais. Pela Contexto é organizador do livro *Semântica, Semânticas: uma introdução* e coautor dos livros *O português da gente, Gramática do português culto falado no brasil vol. III e IV.*

Roberto Leiser Baronas é professor de Linguística no Departamento de Letras, no Programa de Pós-Graduação em Linguística da UFSCar e pesquisador de Produtividade em Pesquisa do CNPq. É coautor de *A (des)ordem do discurso* e de *Fórmulas discursivas.*

Vitor A. Nóbrega é mestre e doutor em Linguística Geral e Semiótica pela Universidade de São Paulo. Atuou como professor visitante na Universidade de Hamburgo. É pós-doutorando junto ao projeto Innovations in Human and Nonhuman Animal Communities, baseado na Universidade de São Paulo e financiado pela Fapesp. É coautor de *Chomsky: a reinvenção da linguística.*

GRÁFICA PAYM
Tel. [11] 4392-3344
paym@graficapaym.com.br